红色导师·思想汇报

——高校思想政治工作铸魂育人成果集

刘三宝　向晋文　万浩然　徐嘉楠　于久霞 / 编著

吉林大学出版社
·长春·

图书在版编目（CIP）数据

红色导师·思想汇报：高校思想政治工作铸魂育人成果集 / 刘三宝等编著. -- 长春：吉林大学出版社，2025.6. -- ISBN 978-7-5768-5370-4

Ⅰ．G641-53

中国国家版本馆 CIP 数据核字第 2025P7Z596 号

书　　名：	红色导师·思想汇报——高校思想政治工作铸魂育人成果集
	HONGSE DAOSHI·SIXIANG HUIBAO——GAOXIAO SIXIANG ZHENGZHI GONGZUO ZHUHUN YUREN CHENGGUO JI
作　　者：	刘三宝　向晋文　万浩然　徐嘉楠　于久霞
策划编辑：	卢　婵
责任编辑：	冀　洋
责任校对：	田　娜
装帧设计：	叶扬扬
出版发行：	吉林大学出版社
社　　址：	长春市人民大街 4059 号
邮政编码：	130021
发行电话：	0431-89580036/58
网　　址：	http://press.jlu.edu.cn
电子邮箱：	jldxcbs@sina.com
印　　刷：	武汉鑫佳捷印务有限公司
开　　本：	787mm×1092mm　　1/16
印　　张：	18.25
字　　数：	260 千字
版　　次：	2025 年 6 月　第 1 版
印　　次：	2025 年 6 月　第 1 次
书　　号：	ISBN 978-7-5768-5370-4
定　　价：	98.00 元

版权所有　翻印必究

序

  培养什么人、怎样培养人、为谁培养人是教育的根本问题。习近平总书记在2024年全国教育大会上强调："我们要建成的教育强国，是中国特色社会主义教育强国，应当具有强大的思政引领力、人才竞争力、科技支撑力、民生保障力、社会协同力、国际影响力。"[1] 其中，思政引领力是新时代教育强国建设的重要着力点，排在"六力"之首。

  青年是国家的未来和民族的希望，是实现中华民族伟大复兴的先锋力量。高校作为人才培养的摇篮，肩负着培养担当民族复兴大任的时代新人的使命责任。当前，我国正处于以中国式现代化全面推进强国建设、民族复兴伟业的关键时期，如何在大学生思想政治引领中坚持以青年为本，解答青年困惑、回应青年关切、触碰青年心灵、激发青年共鸣，推动思想政治教育各要素的整合与优化，着力培养五育融通、全面发展的社会主义建设者和接班人，值得深入探索与思考。

  华中农业大学党委探索实施以"百个支部创优、千名党员领航、万名学子成才"为主要内容的党建质量提升源头工程，以理论武装涵育思想源头，以建优支部涵育组织源头，以加强入党积极分子培养涵育队伍源头，

---

[1] 习近平在全国教育大会上强调：紧紧围绕立德树人根本任务 朝着建成教育强国战略目标扎实迈进[N]. 人民日报，2024-09-11（01）.

推进建设一个支部就是一个为党育人的坚强堡垒、一名党员就是一面立德树人的先锋旗帜。

作为第四批全国党建工作标杆院系培育创建单位，华中农业大学经济管理学院党委选聘党性强、业务精、有威信、肯奉献的党员教师和管理干部兼职担任"红色导师"，与学生平等交流、自由互动、深度对话，并联合省级党网平台——荆楚网（湖北日报网）开辟"红色导师·思想汇报"专栏，以"培养担当民族复兴大任的时代新人"为工作主线，以"导思想、导品行、导学习、导规划、导就业"为主要目标。学生以"思想汇报"的形式讲述思想成长变化，"红色导师"以点评的方式激励学生踔厉奋发，在导育实践中引导学生将为学、为事、为人统一起来，营造学习先进、争当先进的良好氛围。与此同时，学院党建思政工作骨干聚焦主责主业，强化理论武装，其撰写的党建思政育人系列评论和典型经验做法在《光明日报》《中国教育报》《中国青年报》、"学习强国"、荆楚网等媒体平台发表。

华中农业大学经济管理学院党委将党建引领搭建思政育人"大舞台"的探索与实践系统梳理并汇编成册，最终形成此书出版。此举既是高校积极构建立德树人"大思政"格局、扎实推进"时代新人铸魂工程"的生动实践，又是高校思想政治工作守正创新、培育时代新人的有力见证。本书的出版，不仅为高校深入实施"新时代立德树人工程"提供了宝贵经验，还为强化思政工作的引领力建设提供了重要参考，具有广泛的借鉴意义和推广价值。

翻开此书，我们可以看到"党建引领育人"的鲜活素材。从深入农村调查，在科研创新中助力农业农村可持续发展，到投身绿色军营，在部队大熔炉里磨炼意志、锻炼本领；从坚持体育锻炼，以体育之我为民族复兴凝魂聚气，到远赴贵州支教，用爱润育山区孩子的梦想之花……一个个动人故事勾画出真实生动的青春模样，一份份思想汇报辉映着勇立潮头的青春底色，一篇篇导师点评彰显了三全育人的落实落地，一项项实践做法发挥了党建思政的示范引领。

序

"求木之长者，必固其根本；欲流之远者，必浚其泉源。"青年阶段是人生的"拔节孕穗期"，是掌握系统知识、练就过硬本领的黄金时期，而"红色导师"就像是一只温暖而有力量的大手，引导青年学生扣好人生第一粒扣子。他们或在学术沙龙中，与同学们探讨科研选题；或在田野调查中，与同学们投身乡村振兴；或在运动场上，与同学们共同挥洒汗水……从"思政小课堂"到"社会大课堂"，每一次谈心谈话，每一场师生联学，都是一场双向奔赴。"红色导师"在答疑解惑中育人、在深入乡村中育人、在科研实践中育人、在生活点滴中育人，生动体现了"人人事事时时处处皆育人"的育人理念；结对学生向内自我审视，向外锤炼扎实才干，在新征程中立下"鸿鹄志"、练就"铁肩膀"、当好"接班人"。

青年学生群体思维活跃、视野开阔，对新事物、新思想具有敏锐的感知力和强烈的求知欲。因此，高校必须着力提升理论对青年的说服力和感召力，以透彻的学理分析回应青年关切，以彻底的思想理论解答青年疑惑，以真理的强大力量引领青年成长。本书所选的42篇思想汇报、22篇网络评论和6篇党建思政工作案例是一流党建引领一流人才培养的创新成果和实践结晶。

阅读此书，读者不仅会被"红色导师"与结对学生之间"心与心"的真挚交流所感染和鼓舞，还能从高校基层一线党建工作和思政工作的生动实践中获得深刻启迪。相信本书的出版将为高校大学生党建工作和思政工作守正创新提供宝贵经验，为助力大学生思想政治工作"强起来""活起来"提供有益的借鉴与参考。

编　者

2025年3月

目 录

第一部分 红色导师·思想汇报

在志愿服务中绽放青春之花……………………………………… 3

一棵树摇动另一棵树 跑好新时代的"接力棒"………………… 7

把火热青春写在服务强国建设中………………………………… 12

不负青春 不负戎装 让军营淬炼学子报国之志……………… 17

矢志不渝强农学 扎根泥土练本领……………………………… 20

千禧宝宝眼中非凡十年的家乡变迁……………………………… 24

在田野调查中体悟乡村振兴新内涵……………………………… 28

最是那一抹鲜亮的红……………………………………………… 32

青年党员当"自找苦吃" 在一线调研中绽放青春之花………… 36

乡山换新颜 "青兴"看乡村……………………………………… 40

青年党员深入田间地头村屯农家"找苦吃""治学问"………… 44

用爱润育山区孩子的梦想之花…………………………………… 49

青春与祖国同行……………………………………………	54
退伍不褪色　扬帆再起航…………………………………	57
以志愿服务执笔　书写青春答卷…………………………	62
力行"小事"　服务基层…………………………………	66
石榴花开相映红　青春之歌动人心………………………	70
做一颗在希望田野上的种子………………………………	73
在实践中体悟耕读教育……………………………………	76
厚植爱农情怀　贡献青春力量……………………………	79
向上向善人人可学　奉献爱心处处可为…………………	83
红星照耀青春　后浪逐光而行……………………………	87
以奉献之犁深耕青春沃土…………………………………	91
以体育之我为民族复兴凝魂聚气…………………………	95
传承红色基因　坚定青年学子理想信念…………………	99
让信仰的旗帜永远在心中飘扬……………………………	103
传承红色基因　共筑振兴之路……………………………	106
柑橘花开　乡村梦启………………………………………	110
让青春之花在乡村振兴中绚丽绽放………………………	113
在跨文化交流中与世界共舞………………………………	118
传习耕读精神　绘就青春亮色……………………………	122
话剧演绎牵挂之约　青年支教大爱接力…………………	126
将理论融于田野　让实践检验梦想………………………	130

目 录

探索乡村振兴中的数字经济……………………………………… 135

在学思践悟中助力乡村振兴……………………………………… 138

凝聚乡村振兴的民族团结力量…………………………………… 143

从中华体育精神中汲取拼搏成长的力量………………………… 148

厚植家国情怀　锤炼青春担当…………………………………… 152

青春力行正当时　基层实践显担当……………………………… 156

新禾饮露绣山河…………………………………………………… 159

在玻利维亚高原书写中国青年的使命与成长…………………… 163

党建引领春风化雨　创新育人润物无声………………………… 169

第二部分　党建思政评论和理论文章

在党史学习教育中培育时代新人………………………………… 175

吾辈青年与时行　终日乾乾助恒昌……………………………… 178

华农经管院打造"红色导师"强化高校思政功能………………… 181

坚持中国道路　培育时代新人…………………………………… 183

从伟大建党精神中汲取奋进力量………………………………… 187

不负韶华争朝夕　不待扬鞭自奋蹄……………………………… 189

解锁伟大成就背后的成功密码…………………………………… 192

以"三个务必"引领新时代青年担当作为………………………… 197

勤掸"思想尘" 常吹"自省风"……………………………………	201
以"三个融合"赋能高校网络思政创新………………………………	204
扛起培根铸魂育新人的时代责任………………………………………	208
网络新媒体的发展对大学文化建设的冲击与应对…………………	211
华农经管院以"党建+"为三全育人注入源头活水…………………	216
五育融通 培养担当民族复兴大任的时代新人……………………	220
擘画蓝图 向着哲学社会科学的春天进发…………………………	224
农架始天成 来者自怡悦……………………………………………	227
以新媒体矩阵赋能高校网络思政创新………………………………	229
商业火箭乘风起 "中国星光"精彩可期…………………………	232
在厚植"三农"情怀中推进农业强国建设…………………………	234
文化自信是中华民族的根脉之固与梦想之翼………………………	236
华农经管院以调研实训上好新时代"大思政课"…………………	239
从教育功利化倾向看高校学生评价改革……………………………	244

第三部分 党建思政典型案例

做实三个抓手 做好三个对接 做深三个融合	
——农业经济管理系教工党支部建设案例…………………	251
炼就"三研"本领 建强"三型"支部	
——湖北农村发展研究中心研究生第一党支部建设案例………	256

"四抓"把"四关"推动大学生党员发展提质增效
　　——经济管理学院大学生党员发展工作案例………… 260

"三结合三到位"实施"红色导师"一二三四五工作法
　　——经济管理学院"红色导师"工作案例…………… 264

深入学习"四史"坚守初心使命
　　——经济管理学院"四史"学习教育工作案例………… 268

连续13年　他们同上一堂党课
　　——经济管理学院毕业生党员离校前"最后一堂党课"工作案例… 272

后　记……………………………………………………………… 276

第一部分　红色导师·思想汇报

在志愿服务中绽放青春之花

叶 戈

经济管理学院2019级张之洞班（文管）本科生

（2022年11月18日）

【思想汇报】

过去的一段时间，在"红色导师"的悉心培养下，我在书本中学、在实践中学，思想、学习和行动方面的素质与综合能力都得到了极大提升。现将我近期的思想、学习和实践情况汇报如下：

"放心吧，老师明年还会回来的！"一句承诺，说来容易做来难。在江西省赣州市于都县罗坳镇步前村的樟坑村学，从华中农业大学阳光志愿者联盟的第一任到第十三任队长，他们带领着大学生青年志愿者们，已经将这句沉甸甸的承诺兑现了13年。

图1 叶戈（一排左二）所在志愿服务队与当地村干部合影留念

今年暑假，我有幸成为阳光志愿者联盟支教队的一员，前往樟坑村学开展了为期20天的支教活动。虽然当地交通不便、物资匮乏、校舍简陋，但当在课堂上收到孩子们的热情反馈，以及课后得到孩子们与家长们的肯定时，我收获的成就感和满足感是无法言喻的。

还记得，在离别的那一天，小朋友们将自己亲手书写的明信片和用心制作的棒棒糖花束送给我。这个看似简单却弥足珍贵的礼物，让我看到了被知识启迪、被艺术感召而绽放的一朵朵绚丽的心灵之花。还记得三年级的曾艳小朋友拉着我的手对我说："长大后，我也要像你们一样，回到家乡帮助需要帮助的人。"

图2 叶戈（右）在樟坑村学与同学们探讨问题

"以心魂的敞开去敲碎心魂的遮蔽，以期梦想可以清晰，可以确凿，可以不忘，尽管人生转眼即是百年。"这是《病隙碎笔》中我最喜欢的一句话。一代代新时代的华农青年承载着理想、担当和热情，继续将爱与温暖洒进山区孩子们的心田，播进革命老区独有的红色沃土，期待着枝繁叶茂，生根开花。

图3 叶戈（右）在江西省于都县樟坑村学教授英语课程

今年暑假实习前，红色导师刘三宝谈道："当前网络诈骗手段花样多变，青年大学生要将社会实践与解决群众实际问题相结合，争当反诈宣传先锋。"为守好老年人的"钱袋子"，维护老年人的合法权益，增强老年人的防范意识，我主动加入了市场监管局行政执法队"防诈骗宣传组"。

"乔装打扮、突击检查。"执法队青年党员们采取各种形式暗访，采用打破常规的工作方式，利用清晨、法定节假日等时间段对重点场所开展突击检查。针对有涉诈苗头的商家，安排执法人员乔装打扮，去现场参与活动，购买产品送检，深入收集证据。此外，执法队还将走访过程中遇到的典型案例拍摄成小品、情景剧等，重现违法商家养老诈骗过程，增强宣传方式的趣味性和多样性。

在实习过程中，我不仅学习了办案的常规流程和基本操作方法，还参演了小品中市区老太太一角。跟随着青年党员们的脚步，我不仅看到了他们的工作热情，还体悟了他们的初心和使命。

一次次的实习实践活动，让我感受到了新时代青年身上坚定信念、坚守理想的使命，甘于奉献、担当历史的责任，以及永久奋斗、勇立潮头的闯劲。

心中有念，眼中有光，身上有劲，脚下有路。新时代的华农青年，是从江城到草原，爱其所爱、无问西东的志愿者；是运动会赛场上，敢拼敢赢、挑战极限的运动员；是逐梦九天征途上，攻坚克难、开拓创新的航天人。鲜衣怒马少年时，不负韶华行且知。这就是新时代华农青年的模样。

受他们的影响，我也追寻着自己的使命与价值，认真学习专业知识，积极参与社会实践，主动投身社区公共工作，广泛深入"三农"调研。在今后的学习生活中，我会以更高的标准严格要求自己，提高思想政治素质，提升理论联系实际能力，以强农兴农为己任，为中华复兴而读书。

生逢盛世当不负盛世，生逢其时当奋斗其时。作为新时代的青年党员，我将牢记习近平总书记在党的二十大报告中提出的"坚定不移听党话、跟党走，怀抱梦想又脚踏实地，敢想敢为又善作善成"的深情寄语，踔厉奋发、勇毅前行，立志做有理想、敢担当、能吃苦、肯奋斗的新时代好青年，在青春的赛道上书写最美芳华！

【红色导师点评】

以叶戈同学为代表的新时代华农经管学子，牢记习近平总书记"坚持与祖国同行、为人民奉献"[①]的殷殷嘱托，沿着优秀学长徐本禹的足迹，在志愿服务的道路上绽放青春光彩，在更多需要帮助的人心中种下了一颗感恩的种子。

红色导师：刘三宝（华中农业大学经济管理学院党委副书记、教授）

---

① 习近平. 习近平给华中农业大学"本禹志愿服务队"回信［ED/OL］.（2013-12-05）［2022-10-20］. https://www.gov.cn/ldhd/2013-12/05/content_2542812.htm.

第一部分　红色导师·思想汇报

一棵树摇动另一棵树
跑好新时代的"接力棒"

音永欣

经济管理学院2022级农业经济管理硕士研究生

（2022年11月23日）

【思想汇报】

2022年9月，我初来华农，在踏进憧憬已久的董必武题词"华中农学院"校门的那一刻起，开启了人生中新的征程，成为华中农业大学农业经济管理专业的一名研究生。入校不久，我有幸观看了华中农业大学原创话剧《牵挂》的迎新演出。今年的话剧《牵挂》最大的特别之处是"十代演员共聚一堂"。来自祖国各地的华农校友、在校师生组成的第十代演职人员共同真情演绎了学校研究生支教团的感人故事，话剧再现了一位心系农村、情系人民的知识分子对农村发展的"牵挂"。两个多小时的精彩演出，让我潸然泪下，本禹精神深深地感染了我和现场的每一位观众。话剧主人公张福禹的原型之一——徐本禹在现场观看十代演员的同堂演出后谈道："这个'牵挂'并没有演完，还有很多支教志愿者在祖国大地上演出'牵挂'。"习近平总书记在给"本禹志愿服务队"的回信中指出："历史和现实都告诉我们，青年一代有理想、有担当，国家就有前途，民族就有希望，实现中华民族伟大复兴就有源源不断的强大力量。"①

从那时开始，一粒种子就深深地种在了我心里——"请党放心，强国有我"，当代大学生当担当作为，接下时代的接力棒。

图1　音永欣（左）与农户进行交谈

种子想要生根发芽还需踏踏实实学好本领。作为一名华农学子，我牢记当初选择农业经济管理专业的初衷——"中国用7%的耕地养活了世界近20%的人口。"这句话印证了中国社会生产力的极大发展，然而，人口压力对环境和社会的承载能力构成了重大挑战，也引发了我对农业经济问题的思考。来校的第一次研究生组会上，红色导师李谷成教授鼓励我们要多去农村调研，发现"三农"真问题。李谷成教授常说："思想是学术的灵魂，没有思想的学术之路并不能长久。而方法是通向学术彼岸的手段。"所以在教学过程中比起知识的传授，李谷成教授更注重思维方式的培养与方法的传授。在李谷成教授的指导下，我开始慢慢学会如何阅读文

---

① 习近平. 习近平给华中农业大学"本禹志愿服务队"回信［ED/OL］.（2013-12-05）［2022-10-20］. https://www.gov.cn/ldhd/2013-12/05/content_2542812.htm.

第一部分　红色导师·思想汇报

献：如在《经济学动态》学习写文献综述的方法，在 Journal of Economic Literatures（JEL）中查看优秀的英文文献综述等。同时，我也开始阅读经济学著作，自学计量方法，观察经济学现象，思考经济学问题，脚踏实地，一步一步为学术之路打好基础。在未来的科研道路上，我将铭记对"三农"事业的初心，多去留心观察、思考与理解"三农"问题，将理论投射到现实中去，做真实世界的学问。

图 2　音永欣（左三）领取学术骨干聘书

自己的种子生根发芽，理想照进现实，长成小树苗，还远远不够。接下时代的接力棒当是"一棵树摇动另一棵树，一朵云推动另一朵云，一个灵魂唤醒另一个灵魂"。我就愿去做那棵树、那片云，去影响和感召更多的小伙伴，我们的精神就是这样生生不息、薪火相传。我成为华中农业大学经济管理学院新闻传媒部兼研究生团工委宣传部的负责人。我的部门以研究生为主体，以经济管理学院微信公众号"狮山红叶"为宣传阵地，跟踪校园热点，真实反映研究生同学们的学习生活情况。今年10月，部门开展了对经济管理学院研究生国家奖学金获得者的微采访栏目，采访了来自各个专业的出类拔萃的佼佼者，也收获了师兄师姐们的科研经验，如博士研究生罗斯炫所说的"将学术作为一种志业"，唐林所说的"努力的过程是真正让自己得以提升的关键"，周梦环所说的"服务于国家发展的需要、做切实有用的研究"。"天行健,君子以自强不息",新时代青年当以持之以恒的态度,勇攀科研的高峰。通过微采访栏目,一睹国家奖学金获得者的风采,了解他们的故事,同时激励了更多新青年在日积月累中锻炼出更好的自己。

开学至今两个月,我和部门的同事们报道了多场"达尊"讲坛及学术会议,带领同学们学习科研技巧,了解经济管理前沿。来自全国各地的学术名家或是平平无奇中营造世外桃源,或是密云布雨中展露深厚的治学功底,又或是于失望之冬中探寻希望之春,淋漓尽致地展现了思想、学识、见解皆臻高位的大家风采。学院提供的学习机会对于处在研究起步阶段的我有极大的帮助,也进一步拓展了广大师生的研究视野。漫漫求学路,回首数十载,我对这个世界的认知能力也在不断提升。我坚信在华农的我,定能收获一段难忘的学习经历,更加深入地了解这个世界,观察这个世界。"勤读为基、力耕为要,修德立己、达人天下",深知我辈任重道远,实需加勉加力。

回望我们党走过的伟大征程,一代又一代人披荆斩棘以赴之、慷慨就义以从之、殚精竭虑以成之、拨乱反正以改之、改革开放以促之、脚踏实地以干之。青年强,则国家强。党的二十大报告指出:"当代中国青年生逢其时,施展才干的舞台无比广阔,实现梦想的前景无比光明。"[1]作为国家双一流学科的农经学子,我们要接好新时代的"接力棒",在变与不变的道路中接力历史的血脉,在平凡与不凡的辩证下接力未来的期待,在对与错的尝试中接力时代的重任,争做德智体美劳"五育融通、全面发展"的社会主义建设者和接班人。

---

[1] 习近平. 高举中国特色社会主义伟大旗帜,为全面建设社会主义现代化国家而团结奋斗——在中国共产党第二十次全国代表大会上的讲话[N]. 人民日报,2022-10-26(01).

【红色导师点评】

以音永欣同学为代表的华农经管学子，以知农爱农为己任，以强农兴农为使命，在学习中练就过硬本领，锤炼扎实才干，用所学回报社会，以真情服务群众，在新征程中立下"鸿鹄志"、练就"铁肩膀"、当好"接班人"，争做有理想、敢担当、能吃苦、肯奋斗的新时代好青年。

红色导师：李谷成（华中农业大学经济管理学院院长、农业经济管理系教授）

把火热青春写在服务强国建设中

朱新宇

经济管理学院 2022 级农业经济管理硕士研究生

（2022 年 11 月 30 日）

【思想汇报】

党的二十大报告不仅是党的政治宣言和行动纲领，还为新时代青年走好未来人生路指明了前进方向，提供了根本遵循。过去一段时间，在"红色导师"颜廷武教授的悉心指导下，我对党的二十大精神有了更为深刻的认识和体会，在思想、学习和实践等方面均得到了显著提升。现将学习体会和认识汇报如下。

以强国建设为本，固人生路之根基使命

"红色导师"颜廷武教授时常勉励我们，新时代的青年学子生逢盛世，肩负重任，必须科学规划好自己的人生路、报国路，以实际行动响应习近平总书记"与祖国同行、为人民奉献"的殷殷嘱托。通过对党的二十大精神的深入学习，我认为，要走好我们这一代青年人在新征程上的赶考之路，必须以服务中国特色社会主义现代化强国建设为根本，筑牢人生路根基，

明确人生路使命。

筑牢人生路的根基。过去十年，中国取得了举世瞩目的发展成就。这离不开坚定不移地坚持马克思主义的指导地位，离不开习近平总书记的掌舵领航，离不开中国共产党与中国人民的共同努力奋斗。作为青年学生，我们要全面学习贯彻习近平新时代中国特色社会主义思想，坚决维护习近平总书记党中央的核心、全党的核心地位，继续坚持和发展马克思主义，坚决拥护中国共产党的领导。要坚定不移听党话、跟党走，怀抱梦想又脚踏实地，敢想敢为又善作善成，立志做有理想、敢担当、能吃苦、肯奋斗的新时代好青年。

明确人生路的使命。党的二十大报告提到"农业农村优先发展""优先发展教育事业"。这为我们农经学子更好发挥专业特长助力中华民族伟大复兴提出了命题，提供了机遇，指明了方向。作为华农人，我们不仅肩负着加快建设中国式农业农村现代化的重要使命，而且承担着推动中国教育事业高质量发展的重要责任。我们要以"功成不必在我，功成必定有我"的精神和"强国有我、复兴有我"的担当，全身心投入中国特色社会主义现代化建设伟业中。

以国家需求为基，师生联学共悟党的二十大

党的二十大报告是党团结带领人民全面建设社会主义现代化国家、向第二个百年奋斗目标进军的政治宣言和行动纲领。"红色导师"颜廷武教授多次强调："我们一定要深入学习、长期学习党的二十大报告，特别是要学好、记好、理解好与我们的研究领域相关的内容，比如乡村振兴、高质量发展、人与自然和谐共生、科技以及人才等内容。我们要努力做到理论联系实际，在学术研究中紧扣国家战略需求，力求解决'三农'问题。"

颜廷武教授科研团队在学术漫谈会上开设"党的二十大报告"学习专题，每次在学术交流之后都会邀请两位团队成员结合研究方向、现实问题与个人经历，谈谈个人对党的二十大报告的理解与感悟。在最近一次的专

题学习中，21级硕士生王璐瑶提到了农业高质量发展与农户增收的现实困境与实现路径，21级硕士生李子怡则结合农村实际阐述了农业农村现代化的丰富内涵。这一专题学习活动不仅加深了我对党的二十大精神的领会与对国家大政方针的理解，而且为我和团队成员交流学术思想、确定研究选题提供了平台，同时深化了我对于"顶天立地的学术研究"的切身体悟。

以全面成长为要，做五育融通的农经人

"无调研，不农经""实践是最好的老师，农村是最好的实验室"。颜廷武教授团队每年寒暑假都组织研究生开展农村调研，走遍几乎所有农业大省和湖北省的大半县市。作为刚入团队的研一新生，我也在假期跟随调研队伍前往湖北荆州、安徽六安等2省4市20余村参与农村调研，其间与60余名农户及基层干部进行交流访谈，在此过程中获得了对于"三农"问题的实际认知和真切感悟，为选择研究方向和确定研究主题提供了现实支撑。

图1　朱新宇（左）在湖北省洪湖市老湾回族乡珂里村调研

农村调研的意义不止于此，其价值更在于对我们心灵的洗礼，让我们切实感受到"三农"工作的真情。正如一位团队成员在调研总结中所写："当想起炎炎夏日老奶奶随手递上的那一块西瓜时，我就知道了什么是农民的朴实；当忆起并不富裕的老大爷硬要退还那20元误工补贴时，我就懂得了什么叫农民的敦厚；当山区留守儿童那充满求知渴望的眼神与我对视时，

我就容易理解什么是青年的责任和担当。"

图2 朱新宇参加学院微党课演讲比赛

除农村调研外，我也广泛参与其他各类实践活动，这既是为了获得个人的全面发展，又是为了在实践活动中厚植家国情怀。在学院微党课大赛中，我以"砥砺奋进跟党走，青春献礼二十大"为题进行演讲，以青年人的视角宣传党的二十大精神；在大学生计算机设计大赛中，我与团队成员设计了一套冬奥主题表情包来宣传北京冬奥赛事、弘扬冬奥精神；在大学生"互联网+"创新创业比赛中，我与团队成员共同推广一款水果涂膜保鲜剂，致力于降低水果采后损耗率、让果农更多分享产业收益。

【红色导师点评】

习近平总书记在中国人民大学考察时强调："哲学社会科学工作者要做到方向明、主义真、学问高、德行正，自觉以回答中国之问、世界之问、人民之问、时代之问为学术己任，以彰显中国之路、中国之治、中国之理为思想追求，在研究解决事关党和国家全局性、根本性、关键性的重大问题上拿出真本事、取得好成果。"[1] 以朱新宇同学为代表的广大华农

---

① 习近平在中国人民大学考察时强调坚持党的领导传承红色基因扎根中国大地走出一条建设中国特色世界一流大学新路王沪宁陪同考察[J]. 旗帜，2022（5）：2.

农经学子，坚持深入农村调查、深入基层宣讲，坚持理论与实践相结合开展"三农"研究，坚持把论文写在祖国大地上，用实际行动学习贯彻习近平总书记重要讲话精神，让青春在全面建设社会主义现代化国家的火热实践中绽放绚丽之花！

红色导师：颜廷武（华中农业大学经济管理学院副院长、农业经济管理系教授）

不负青春　不负戎装
让军营淬炼学子报国之志

高昊晨

经济管理学院 2020 级农林经济管理专业本科生

（2022 年 12 月 7 日）

【思想汇报】

我是一名大学生，也是一名退伍军人。大二时，在强军精神的指引和"红色导师"的鼓励下，我投笔从戎，保家卫国。如今，我重回校园，适逢党的二十大胜利召开，深入学习党的二十大报告后，我感触颇深：无论是全力打赢疫情防控阻击战，还是开创国防和军队现代化新局面，青年学子都重任在肩。

犹记 2020 年冬，疫情突袭。在这场抗击病魔的战场上，虽无硝烟，却依旧残酷艰辛。沧海横流，方显英雄本色。2020 年初，在抗疫的紧要关头，人民军队牢记使命，坚守岗位，忠诚于党，闻令而动，万众一心克时艰，众志成城迎战疫魔。

在我所处的军营中，有休假探亲期间毅然冲向疫情防控前线的班长邹团兴；有主动筹集，自费购买医疗物资捐赠给单位的战士朱骏；更有在场站抗疫捐款仪式上、无偿献血活动中冲锋在前的站党委，以及团结一心、共同协作的全站官兵。我们将自己的涓涓细流汇聚为抗疫大军的汪洋大海，凝聚成人民群众心中可靠的力量。

"有一根弦我们紧绷着"。在轻武器实弹射击训练中，我的动作流畅规范，现场氛围紧张有序，锤炼了官兵百步穿杨的杀敌本领，磨砺了部队练兵备战的意识。

"有一种使命我们肩扛着"。在某型导弹押运接收任务中，我于队列中行动有序，确保装备人员安全稳定，高效可靠地完成任务。看着战鹰如虎添翼，决胜超高空，我深感使命光荣。

"有一片风浪我们紧盯着"。练兵备战谋打赢，精准保障砺战鹰。一架架银灰色的国之重器从我身后冲向苍穹。宜将剑戟多砥砺，不教神州起烽烟。

图 1　高昊晨讲述"党史中的财经故事"——第一套军服

一朝从军伍，军魂刻入骨。纵然光阴荏苒，纵然身份变迁，忠诚于党、服务人民的灵魂血脉，永远铭记在我的心中。鲜红的党徽见证着我的青春，胸前的"四有"优秀士兵荣誉勋章镌刻着我的忠诚。

图 2　高昊晨参与舞狮队训练

2021年，我回到母校，与一同退役的几十位战友们积极参与学校活动，踊跃报名志愿服务，主动投身党建工作，快速融入学习生活。无论是新生军训场、体育运动会、国旗护卫队、校属舞狮队，还是国奖答辩台、文明值勤队都有我们退役军人的身影。我在15×50米接力赛场上挥洒汗水，在新生军训10公里拉练中担任尖兵，在元旦晚会、校运会的舞狮表演中挑战自我，在新的学习生活中追求提升。荣誉代表过去，而未来，我仍要在时代浪潮中踔厉奋发，拼搏前进。

退伍不褪红旗色，热血铸就忠诚魂。在部队里，枪杆子端得稳；回学校后，笔杆子照样拿得住。第二个百年征程已然开启，请党放心：若有战，召必回，强国有我，砥砺青春！

【红色导师点评】

青春需要热血，青春需要奋斗，青春需要梦想。以高昊晨为代表的新时代大学生，牢记习近平总书记的嘱托，暂别校园，投身绿色军营，在部队的大熔炉里磨炼意志、锻炼本领，在军营中唱响青春之歌，践行强军之梦，为广大有志青年树立了新的榜样。

红色导师：李晓云（华中农业大学经济管理学院农业经济管理系教授）；陈尉（华中农业大学经济管理学院辅导员）

矢志不渝强农学 扎根泥土练本领

程 昊

经济管理学院 2022 级农业经济管理专业硕士研究生

（2022 年 12 月 17 日）

【思想汇报】

来到华中农业大学已有半年时间，在"红色导师"的悉心培养下，我秉承"勤读力耕、立己达人"的校训精神，夯实理论基础，投身社会实践，做到知行合一，使自己在思想、学习、行动方面的素质和综合能力都得到了极大提升。现将我近期的思想、学习和实践情况汇报如下：

出身农村，立志助农兴农

我出生于农业大省河南的一个小山村，虽自小便随父母迁居城市，但对农村的经历依旧记忆犹新。高二那年暑假，我随母亲回到农村外公家帮忙采摘花椒。在 39℃的酷暑下，为避免被花椒树的尖刺扎伤，我们须穿着严实的长袖长裤进行采摘作业。采摘完毕后，还需在清晨五点前赶到镇上，将花椒卖给商贩。我仍清楚地记得，我们三人共采摘了 16 斤花椒，仅以每斤四块七毛钱的价格卖出。

这段亲身经历让我深刻体会到农民的艰辛，也坚定了我助农兴农的决心。本科毕业后，我选择继续在农业管理领域深造，并成功考取了华中农业大学的研究生。

在华中农业大学，我系统地学习了农业理论，了解到"三农"问题的复杂性，其现状是由多方面原因交织而成，而非简单套用经济学理论所能解决。在"农业发展理论与实践"课程中，我深刻认识到农村发展不仅仅是经济和技术的发展，更重要的是让广大农民的物质生活水平和精神生活质量得到显著提升；在"现代农业创新与乡村振兴战略"课程中，我了解到，实施乡村振兴战略是党中央作出的重大决策部署，也是全面建设社会主义现代化国家的重大历史任务，是新时代做好"三农"工作的总抓手。

习近平总书记强调："建设现代化国家离不开农业农村现代化，要继续巩固脱贫攻坚成果，扎实推进乡村振兴，让群众生活更上一层楼，在推进农业农村现代化中，越走越有奔头。"[①] 国家高度重视农业，关爱农民，我坚信我们强大的祖国一定会让农业兴盛、农村发达、农民幸福；在"农业政策学"课程中，我学习到农业作为弱质产业，其政策具有显著的异质性，不仅关乎国计民生，还与每个人的日常生活息息相关。2022年2月22日，《中共中央 国务院关于做好2022年全面推进乡村振兴重点工作的意见》发布，这一纲领文件充分体现了国家对农业的高度重视。

知农爱农，知行合一觅真知

能成为罗小锋老师的学生，我备感荣幸。他不仅是我的学业导师，更是我的人生导师和红色导师。从入学至今，罗老师在学习、生活的每一个环节都给予我宝贵的指导与鼓励。他要求我明确目标，脚踏实地，以实际行动将目标落到实处。他常说："对待学术如此，做人做事更应如此。"

---

① 李学仁. 习近平春节前夕赴山西看望慰问基层干部群众[J]. 中国民政，2022（3）：2.

图1　程昊（右）在湖北省荆门市钟祥县石牌镇关庙村进行农户调研

罗老师每年都会组织学生开展实地调研活动，并亲自带队深入农村，收集一手数据，为后续科研储备材料。他总是强调："只有实实在在地到农村一线去感受，脚上沾满泥土，才能写出接地气的文章。"在调研过程中，我们走进农户家中，一对一交流，仔细询问情况，了解当地实际。我们见证了插秧、打药、收割等环节的机械化作业逐步取代人力、畜力，大大提高了生产效率；我们了解到，凭借优质地理条件种植出的精品稻，申请绿色产品和无公害产品标志后，打造出特色农产品品牌，市价远高于普通水稻，带动农民走上致富之路；我们还看到，通过绿色循环技术，水稻与小龙虾共作，二者相辅相成，既降低了养殖成本，又显著提高了农民收入。

图2　程昊（右一）在湖北省荆门市京山县孙桥镇弯柳树河村进行调研

在实地调研中，我目睹了真实的农业农村发展现状，在与村民的交谈中了解了他们的心声、面临的问题以及他们的思维方式。我逐渐明白，只有深入实践，采集一手数据，才能提出最有价值的问题，为我国"三农"问题找到最有效的解决方案。

强农兴农，不负韶华争做新青年

历史车轮滚滚向前，在一代代"三农人"的不懈努力下，农业发展高质高效，农村面貌日新月异，农民生活蒸蒸日上。脱贫致富、乡村振兴，新时代的农村正向外界展示其新的生机与活力。如今，随着党的二十大胜利召开，以中国式现代化全面推进中华民族伟大复兴的历史重任落在吾辈肩上。

作为一名"华农人"，我将牢记习近平总书记"与祖国同行、为人民奉献"的嘱托，以党的创新理论指导实践，以更加坚定的决心和执着的态度全面学习农业知识，珍惜学校提供的资源，提升自身素养，扎根基层，服务"三农"，用实际行动回馈社会，将论文书写在祖国大地上，在理想的征程上奋力书写华章，不负时代、不负青春、不负韶华。

【红色导师点评】

"民族要复兴，乡村必振兴。"乡村振兴离不开爱农、学农、知农的莘莘学子和专业人才。以程昊同学为代表的华农经管学子，以民族复兴、乡村振兴为己任，在学中干、在干中学，不断提高服务"三农"的真本领，彰显了新时代华农经管学子的青春风采。

红色导师：罗小锋（华中农业大学经济管理学院副院长、农业经济管理系教授）

千禧宝宝眼中非凡十年的家乡变迁

刘文丽

经济管理学院 2022 级农业经济管理专业硕士研究生
（2023 年 3 月 1 日）

【思想汇报】

初冬时节，我独行于校园雨中。风携着雨水打湿了行人的衣襟，带来一股沁人心脾的凉意。雨水浸染的世界，如同记忆在时间的蚕食中渐渐模糊，恰如此时的风景。雨珠滑过脸庞，带来丝丝寒意，让我不禁想起远方的故乡是否已是飞雪漫天、天地一白？

"儿时的窗，苍老的墙，是否偷换了方向……云水边静沐暖阳，烟波里久违的故乡。"一曲《燕归巢》，牵动了多少人的思乡之情。如今的我，随着漫漫求学路第一次走出山东，来到大都市——湖北武汉。遥想远在山东的青岛，滨海的即墨，此刻或许西北风呼啸，抑或是雪花曼舞。风雨中的凉意吹散了我的思绪，却吹不散我对家乡的思念之情。

"吱呀——"推开韶光轻掩的重门，雨水随之消失。映入眼帘的是儿时那扇陈旧的窗，是寥寥几件却崭新依旧的家具，还有院外那低矮的石砌墙。尘封已久的记忆悄然苏醒。

百年一叹，风云几何

我生于千禧之年，"儿童散学归来早，忙趁东风放纸鸢"是我幼时快乐时光的真实写照。我和小伙伴们边唱歌边贪玩地行走在条条蜿蜒的小路上。"山水间歌声回荡，回荡思念的滚烫。"闻着月季花香愈来愈近，我便知家在不远处。推门而入，伴随着亲昵的呼唤声，阵阵饭香飘来。爷爷早已坐在小木凳上等待我归来，奶奶在屋中忙着做晚饭。暮色从四面八方升起，烟蓝色的天空已有星子闪烁，一轮圆月挂在天边，在树影的掩映下分外清晰。天地间仿佛都安静了，有的只是沙沙作响的写字声，嗞嗞的炒菜声，还有那虫儿欢快的鸣唱声，这些声音构成了一曲和谐而美妙的乐章。天地之间，仿佛只有眼前的人、花、虫、月，构成我此生不忘的风景。而这，足够我一生一世去回味。待我放下笔时，色香味俱全的饭菜早已端上了木桌。不一会儿，小山似的饭菜被我大快朵颐地吃掉了。爷爷在桌上饮几杯清酒，奶奶在树下缝几针锦绣，而我在花下捉蝴蝶。此夜此景，应是良辰美景都无法比拟的自然纯朴之美。

小小的我，在那十年里，大多数的记忆画面都是由爷爷奶奶构成。依稀记得身体硬朗、闲情逸致的爷爷会骑着老式自行车带着我去马山兜风，蜿蜒的山路上，一深一浅，是我们往来的脚印。光秃秃的山坡、稀疏的草木，虽然满目荒凉，但有爷爷陪着我，却是温暖而幸福；依稀记得目光和蔼、教导严厉的爷爷会在暖乎乎的热炕上，放上小木桌，耐心教我练字帖、细心陪我做作业；依稀记得不懂得变通、不屑于人情世故的爷爷，亭亭净植、不蔓不枝；依稀记得清正廉洁、两袖清风的爷爷，奔波于生计，感叹于无常，挺直的脊梁被压垮，却也没有磨灭自己的傲骨；依稀记得耿直依旧、劳心劳力的爷爷不舍得给自己添新衣、补营养，却舍得用打零工赚的钱给我增营养、加零食；依稀记得我那和蔼又不失严厉、让人敬重又不失亲近的爷爷，为了养家糊口，为了爱情，为了亲情，折了腰，白了头。不知道天上的某颗星星，看到了现在迩安远至、河清海晏，看到了现在安居乐业、国泰民安，看到了现在白白胖胖的我，是否会会心一笑？是否会原谅未见到最后一面的不肖子孙？又是否会感叹这明盛之世，曾经哪得几回闻？唯愿那颗星，能够穿过岁月狭隘的巷陌，向更深远的空茫驰骋，万里青山，百代长河，无穷的风云尽收眼底。

十年人间，时和岁安。随着千禧宝宝渐渐长大，爷爷正在缓缓老去，爸爸正在慢慢撑起这个家。那时的爸爸已经可以从只有新年才能得到几套新衣服，到可以根据四季的变换进行着装的自由搭配；可以从一年只有除夕夜才可以吃到最爱的白面馒头和心心念念的小零嘴，到甚至可以天天顿顿吃；可以从父母出资盖新房子，到自己赚钱盖新房。现在的爸爸已经撑起了整个家，虽然在我爷爷奶奶的眼里仍是小孩子。

岁岁年年，还看今朝

现在的千禧宝宝已然逐渐成为这个时代中流砥柱的重要力量，作为时代变迁的亲历者、见证者，现在我的家，安居于即墨一隅，依偎在国家级自然保护区——马山的旁边，周边不仅有方便快捷的地铁站，还有综合实力和竞争力稳居全国十大服装市场第三位的即墨服装市场与正在建设的万达广场。现在的衣食住行是我小时候不敢妄想的存在。试问，谁曾想，满目荒凉、沙土遍地的马山，成为红尘万丈中一方能够拥有超然的心情、得到一丝安慰与化外宁静的净土；谁曾想，当前走出国门的高铁，有朝一日也以乘风破浪之势出现在了我的家乡；谁曾想，"钢筋水泥"筑造拔地而起的高楼大厦，竟是现代化的大型购物与娱乐中心。巨大的时代变迁，重大的故乡变化，从我的岁岁年年中可见一斑，而这是我们党团结带领全国各族人民，高举中国特色社会主义伟大旗帜，全面贯彻习近平新时代中国特色社会主义思想，弘扬伟大建党精神，自信自强、守正创新、踔厉奋发、勇毅前行，为全面建设社会主义现代化国家、全面推进中华民族伟大复兴而团结奋斗的结果；是我们党将为中国人民谋幸福，为中华民族谋复兴作为自己初心和使命的结果，是我们党立志于中华民族千秋伟业，致力于人类和平与发展崇高事业，全党同志不忘初心、牢记使命、谦虚谨慎、艰苦奋斗，敢于斗争、善于斗争的结果。

雨伞倾斜，思绪飘回。远处校园的下课铃声响起，穿透雨丝，萦绕耳根。烟雨溟蒙中，烧云映红了雨帘，模糊了回忆……

谨以此文，聊表我意，致敬党的二十大，怀念那颗星，思念我家乡。我们生在红旗下，长在春风里，人民有信仰，国家有力量，目光所至皆为华夏，五星闪耀皆为信仰，愿以吾辈之青春护我盛世中华，天佑中华，盛世长歌！

【红色导师点评】

在那个新千年、新世纪的开端，人们用各种形式纪念着千年一遇的时刻。如今"千禧宝宝"长大成人了，他们经历了什么，收获了什么，缺失了什么，又将创造什么？刘文丽以个体视角讲述了一个"千禧宝宝"家乡变迁、家庭变化、个人成长的故事，既充分展示了21世纪以来国家的快速发展，又生动体现了新时代华农青年的使命担当。

红色导师：刘三宝（华中农业大学经济管理学院党委副书记、教授）

在田野调查中体悟乡村振兴新内涵

王浩东

经济管理学院 2020 级会计学专业本科生

（2023 年 4 月 7 日）

【思想汇报】

习近平总书记指出："民族要复兴，乡村必振兴。"[①] 在红色导师的指导下，我深入农村开展社会实践，走入农户进行调查研究，踏进农田感受农业发展，在走好乡村振兴"三段路"中体悟中国农业农村现代化的新内涵。

习近平总书记曾对峒山村提出要求："粮食安全要靠自己""古村落要保护好"。为了将饭碗牢牢端在自己手里，峒山村引进了院士农业，将农业农村现代化作为发展目标，推进农业强国战略，持续稳定推动粮食产量提升。为保障传统优秀文化底蕴不被破坏，峒山村积极进行污水处理、道路硬化和植树绿化，努力提升和优化村居环境。为实现"天蓝水清，绿意盎然"的环境治理目标，峒山村启动"厕所革命"，将"慎砍树、禁挖山、

---

① 朱隽，常钦. 总书记的"三农"情怀[N]. 人民日报. 2023-03-29（01）.

不填湖"作为基本策略，推进"包户到人"的精准治理。

图1 王浩东（左一）在参观湖北省鄂州市峒山村村委会

去年暑假，我随湖北省青马班同学一同赴鄂州调研时，曾前往峒山村参观学习。通过该村干部群众的接续奋斗，峒山村面貌可谓焕然一新。"看得见山，望得见水，记得住乡愁"不仅是进入展馆后映入眼帘的第一句话，还是该村建设的真实写照。高效的治理、突出的治理水平充分凸显了峒山村村镇干部的乡村治理能力，也引发了我们对这些优秀举措和巧妙方式的思考，更为广大农村的振兴提供了新范式。

物质文明和精神文明相协调的现代化是中国式现代化的重要基本特征之一。乡村振兴的出发点和落脚点是让亿万农民生活得更好。如何做到"经济发展"与"文化繁荣"两条腿走路，让农民切实全面提高生活质量，在精神层面感受到改革开放的发展红利，真正摆脱"面朝黄土背朝天"的苦日子，是我们日夜思虑的命题，也是我们追求的目标。

在去年的暑期社会实践过程中，我曾到鄂州市华容区庙岭镇大雄村进行调研学习，恰逢当地"创文"工作的关键期。我跟随该镇团委书记前往当地16个村和1个社区进行点对点的标准检查。随机抽查到大雄村时，该村完整推进"共谋、共建、共管、共评、共享"的"共同缔造"模式让我印象深刻。体育锻炼室、科技活动室、文艺交流室等一应俱全，使居民生活更加丰富多彩，同时满足了村民的"软需求"，让村民人人皆可享受文明、科学、健康的生活方式，让乡村生活真正上了一个新台阶。如今的大雄村，越来越多的村民参与到"共同缔造"活动中来，处处呈现出乡风文明、美丽宜居的新农村景象。

在改革发展的过程中，很多地区都在探索"绿水青山"和"金山银山"的"两全法"。"绿水青山就是金山银山"的辩证统一观点蕴含了对新时代经济发展新方向的思考与认识。良好的生态环境既是自然财富，又是经济财富，关系经济社会发展潜力和后劲。唯有将环境保护这一"功在当代，利在千秋"的事情落实好，方能为经济发展安上"永动机"，为乡村建设插上"金刚钻"。

浙江省湖州市安吉县余村曾是全县有名的工业村、污染严重村。2005年，在习近平总书记"绿水青山就是金山银山"理念指引下，余村深入实施"千村示范万村整治"工程，成功转型发展农家乐休闲旅游。短短十余年间，该村发生了翻天覆地的变化。为深入学习这一理念，我曾深入当地采访余村党支部第一副书记余小平和全国农家乐生态旅游运营模式的创始人潘春林。通过采访，我们得知习近平总书记曾两次考察余村，希望村民找到一条环境保护与经济发展的两全之法。在习近平总书记的指引下，该村淘汰重污染企业，开展村庄整治，推进生态治理，发展农家乐休闲旅游。如今，余村青山环抱，绿水环流，村中有画，画中有诗，早已成为实现游客田园梦的理想之地，也成为绿色发展引领乡村振兴的典范。

纸上得来终觉浅，绝知此事要躬行。走过三段振兴路，我的内心倍感振奋情。身为农业院校的学子，唯有了解乡村实际状况，体悟百姓生活需求，才能将理论学习的知识真正转化为实践应用的利器，从而更好地服务人民，奉献社会，为农业强国建设贡献自己的青春力量。

【红色导师点评】

习近平总书记指出："调查研究是谋事之基、成事之道，没有调查就没有发言权，更没有决策权。"[①] 以王浩东同学为代表的新时代党员，主动用好调查研究"传家宝"，心中牢记以强农兴农为己任的使命，在田野调查中体悟乡村振兴的新内涵！

红色导师：崇延磊（华中农业大学经济管理学院辅导员）

---

① 李浩燃. 调查研究是谋事之基、成事之道——在全党大兴调查研究之风[N]. 人民日报，2023-03-28（09）.

最是那一抹鲜亮的红

马全伟

经济管理学院 2021 级市场营销专业本科生

（2023 年 4 月 8 日）

【思想汇报】

六年前，我在中国共产主义青年团的团旗下庄严宣誓，初次感知红色精神的深厚底蕴。如今，我已从青涩的少年成长为弱冠青年。步入大学殿堂后，大学生活让我感受到时间的快慢交织，快的是每天丰富而紧凑的学业生活安排，慢的是当我阅读红色书籍、仰望那"一抹红"的鲜亮与光芒时，感受到的思维与空间的无限延展。

"人的正确思想是从哪里来的？""人的正确思想，只能从社会实践中来，只能从社会的生产斗争、阶级斗争和科学实验这三项实践中来。"[1]毛泽东同志在《人的正确思想从哪里来？》一文中如此阐述。身为唯物主义的马克思主义信仰者，我们青年一代应培养理性判断能力。在改革开放的时代浪潮下，实践是检验真理的唯一标准。只有具备开放的思维、宽大的胸怀和格局，才能避免故步自封，抓住发展机遇，寻求更大合作，使中

---

[1] 中共中央文献研究室. 毛泽东文集：第 8 卷 [M]. 北京：人民出版社，1999：320.

国经济持续焕发活力。

图1　马全伟在学习红色政治理论刊物

"三人行，必有我师焉。"只有互相学习、互相借鉴，才能让红色精神的火种广泛传播。在本学期的红色导师组会上，丁洁老师向我们介绍了身边的优秀共产党员，并深入剖析了优秀党员应当具备的素质与品格。"哪儿有那么多先进的武器，有的是无数用共产主义武装的战士。""优秀的共产党员并不只有冲锋打仗的战士，也包括那些懂得运用心理学知识照顾好身边同学、尊重和爱护家人的人。""身为青年，一定要心理健康与身体健康两手抓，文明其精神和野蛮其体魄一样都不能丢。"丁洁老师的话语发人深省。过去，我常常一心追求如何变得更加优秀，却忽视了默默陪伴我的家人；我常常追逐思想的蜕变与升华，却忘记身体才是革命的本钱。

图2　马全伟（右二）在湖北省农业农村厅实习结束合影留念

"努力发展体育事业，把我们的国民锻炼成为身体健康、精神愉快的人。"革命先辈的嘱托犹在耳畔，作为一名光荣的共青团员，我们应积极锻炼身体，将学校的"华农三宝"（早操、听力、环湖跑）落到实处，向着那最鲜亮的"一抹红"所象征的力量不断努力。本学期，我加大了运动量，提高了运动频率。当然，运动从来不是孤独者的游戏，只有团队的配合才能让运动焕发出更为迷人的魅力。近期，我校的校园垒球赛开赛在即，我和许多同学都在为此积极备战。当垒球在我与队友的手套中传递时，我们感受到的是彼此信任的喜悦。流淌的汗水不仅不会使人疲惫，反而拉近了团队成员间的距离；训练的挫折不仅不会令人放弃，反而让我们的团队更加强大。在运动之余，我还参加了学校的"青年马克思主义培养工程"班。在一次又一次的志愿活动与美育实践中，既提升了我的思想水平，又强健了我的体魄。人的生命在于运动，运动为我们的生命赋能。

习近平总书记在党的二十大报告中强调："江山就是人民，人民就是江山。"[①] 作为华农学子，我们理应以家国为怀，以实现民族复兴为己任。峥嵘过去已经彪炳史册，璀璨当下正在延伸，光明未来需要踏实开拓。"勤读力耕，立己达人"的校训精神值得我们用余生去践行。我相信，在新时代，我们每一位华农学子定将发扬手脑并用、知行合一的优良传统，为强农兴农作出更大贡献。

【红色导师点评】

作为新时代的大学生，面对日益激烈的社会竞争和国家的期许，只有拥有良好的身体素质，才能担起建设祖国开创未来的重任。当前，部分大学生面临着不同程度的健康问题，这不仅影响自身发展，还关系到全民族素质的提高，我们必须高度重视。在日常校园生活中，要培养稳定的情绪、

---

① 习近平.高举中国特色社会主义伟大旗帜为全面建设社会主义现代化国家而团结奋斗——在中国共产党第二十次全国代表大会上的报告［J］.中国人大，2022（21）：6-21.

规律的作息、健康的饮食习惯，积极开展体育锻炼等；作为家庭的一员，要积极将所学心理健康知识回馈家庭，成为家庭的"定盘星"；作为未来社会主义的建设者和接班人，要促进自我全面发展，为实现中华民族伟大复兴打下坚实的健康基础。

红色导师：丁洁（华中农业大学经济管理学院办公室主任）

青年党员当"自找苦吃"
在一线调研中绽放青春之花

于雅雯

经济管理学院2022级产业经济硕士研究生

（2023年5月16日）

【思想汇报】

从18岁到22岁，不知不觉间，我在华中农业大学已度过了五个春秋。这五年里，我不仅完成了学业层次的提升，还实现了从共青团员到共产党员这一政治身份的转变，逐步从青涩走向成熟。作为一名党员，我深知成长的道路上只有定期向党组织汇报思想，提高自身思想觉悟和党性修养，才能不断夯实理论武装、锤炼过硬本领。

火热的青春，需要坚定的理想信念。思想入党的征程如同万里长征，一步接一步，一步跟不上就会掉队。从一腔热血坚定入党，到成为党支部纪检委员，再到积极参与校研究生党建办公室的学生工作，我始终以党员的标准严格要求自己。从约束自我到相互监督，再到带领党支部委员和党内同志学习党的创新理论，我始终坚持强化党员意识、提升党性修养，坚定入党初心，体悟青年使命。党的二十大召开后，为深入学习贯彻党的二十大精神，发挥朋辈教育的重要作用，我主动参与组织策划了研究生宣讲团的相关工作。针对党的二十大报告的具体内容，我与同学们组建了党史、科学精神、生态文明和乡村振兴四大主题宣讲团，力求以青年视角阐释党的二十大精神、用青年语言讲述伟大成就、以青年行动助力新征程。截至 2023 年 3 月，我校研究生宣讲团已组织校内外宣讲超 600 场。通过宣讲，青年学生深刻体会到党组织对自己的关怀，感受到党组织的号召，同时坚定了"永远跟党走"的理想信念。在组织参与宣讲的过程中，我进一步坚定了理想信念，在思想上向党看齐、在行动上跟党奋斗、在情感上与党同心，进一步厚植了对党的信赖、对中国特色社会主义的信心、对马克思主义的信仰。

图 1　于雅雯作为学生班主任助理在新生班会合照

历史诠释光荣，时代赋予使命。习近平总书记指出："实践证明，无论时代如何变迁，雷锋精神永不过时。"[1] 在学生班主任助理对我的照顾与关心中，我感受到其作为一名中共党员对雷锋精神的传承，也加深了我对"一切平凡的工作都可以创造不平凡的成就"这句话的理解。正如辅导

---

① 陶克，翟元斌. 雷锋精神永不过时［J］. 红旗文稿，2023（5）：19-20，1.

员陈尉在学班见面会上所说："学生工作的意义从来不是综测，而是从中体会服务同学、助人为乐的奉献精神和信念寄托。"学生班主任助理在任职期间认真解答我们学习和生活中的困惑，而我因被其尽职尽责的雷锋精神所感染，接过接力棒，在不同的组织中扮演好不同的角色，始终秉承"为人民服务"的宗旨和"对人民负责"的原则，将奉献精神践行到底。

图2 于雅雯（二排左二）在巴彦淖尔市先锋镇公亩村调研

调查研究是谋事之基、成事之道。没有调查，就没有发言权，更没有决策权。我的"红色导师"熊航教授作为华中三省农业农村现代化调研和内蒙古自治区数字乡村建设项目的负责人，已连续四年带队深入农户，了解他们的生产生活情况与农业数字化发展现状。我也抓住这些深入农村的机会，前往20余个村庄开展入户调研访谈，近距离观察我国"三农"现状。作为一名华农学子，我牢记"勤读力耕，立己达人"的校训精神，深入农村亲身体验国情、社情、农情和民情，切实感受到在乡村振兴背景下中国农村居民收入显著增加、生活水平不断提高的实际情况，更加准确地掌握了智慧农业发展的基础信息，在一定程度上提升了自身的学术素养。但与此同时，我也发现了农村人口老龄化、现代技术采用率低、网络普及率不足等问题。正如熊航教授所说："我们之前在中三省和内蒙古撒下的种子，必将在日复一日、年复一年的呵护下开花结果。"唯有迎难而上，坚持不懈，充分发挥党员的钉钉子精神，在一个地方埋土生根，精耕细作，一锤接着一锤敲，才能发现问题并解决问题，才能真正解决群众急难愁盼的问题。

青春孕育无限希望，青年创造美好明天！在华农的五年中我始终牢记习近平总书记给我校本禹志愿服务队的回信中倡导的精神，与祖国同行，为人民奉献，在勤思笃行中绽放青春之花！

【红色导师点评】

五四前夕，习近平总书记给中国农业大学科技小院同学们回信，肯定了青年学子"自找苦吃"的精神，勉励同学们志存高远、脚踏实地，在乡村振兴的大舞台上建功立业，为全面建设社会主义现代化国家贡献青春力量。作为在农林大学中成长起来的党员，于雅雯同学将自己的理想信念和使命担当融入学农知农、强农兴农的学习和实践中，积极深入农村开展调研，自觉对接"三农"现实寻找研究问题，将理论知识应用于"三农"问题的探索，是众多华农学子投身乡村振兴事业的生动写照。

红色导师： 熊航（华中农业大学宏观农业研究院副院长、经济管理学院经济学系教授）

乡山换新颜 "青兴"看乡村

杨文君

经济管理学院 2021 级农林经济管理专业本科生
（2023 年 5 月 24 日）

【思想汇报】

费孝通先生在《乡土中国》中对 20 世纪 40 年代后期的中国乡村有一段深刻的描绘："我记得我的老师史禄国先生也告诉过我，远在西伯利亚，中国人住下了，不管天气如何，还是要下些种子，试试看能不能种地。——这样说来，我们的民族确是和泥土分不开的了。从土里长出过光荣的历史，自然也会受到土的束缚，现在很有些飞不上天的样子。"历经新中国成立、改革开放以及中国特色社会主义新时代的建设，如今的中国农村已然呈现出另一番发展景象。

虽然我并未直接参与乡村振兴的具体工作，但亲眼所见、亲身感受到了十年间乡村的巨变与焕新。这十年的故事很长，从江苏镇江延伸到我母亲的家乡江苏高邮；这个故事又极短，仅仅十年的光景便发生了翻天覆地的变化。

第一部分　红色导师·思想汇报

图1　杨文君（左）录制微党课讲述家乡变迁

一条铁路，串起一段乡愁

"乘坐C3256号列车，半小时就能到高邮。"2020年12月11日，连淮扬镇城际铁路（连云港至镇江高速铁路，简称连镇高铁）正式开通，将连云港、淮安、扬州、镇江地区部分县市直接接入全国高速铁路网，实现了苏北与上海、南京等发达城市的无缝对接。

十年前，从镇江到高邮自驾需要3小时，春节期间去外婆家拜年，天蒙蒙亮时就要出发；如今，随着铁路的开通仅需40分钟便可抵达，提起行李、带上身份证即可便捷到达外婆家。这条铁路不仅将乡愁的距离缩短为车窗外一闪而逝的风光、下车后直达外婆家的便捷，还将原本偏远的县镇纳入全省共同富裕的版图。

车窗外，暧暧远人村，依依墟里烟。从镇江到高邮，从城市到农村，从繁华到悠闲，乡村振兴战略就像这条城际铁路一样，勾连起城市和农村，促进城乡的和谐共生、融合发展。

一间新舍，添彩美丽乡村

花成簇，树成片，水清澈，平房起……走进外公外婆新搬入的小区，村庄整洁，风景优美，一幅人与自然和谐共处的生态画卷呈现在眼前。去年，外公外婆搬进了由政府统一修建的新小区——王桥人家小区。新小区环境整洁干净，道路平坦宽敞，配套设施一应俱全。十年前，村里的道路还是泥泞的羊肠小道，如今已变成平坦的水泥马路；十年前，外公外婆居住在用砖头砌起的小房子里，如今的新房宽敞明亮，家电俱全。用外婆的话来说，就是"屋里亮堂堂的，心里喜洋洋的"。小区门口还放置了分类垃圾桶，村里的老人也学会了将垃圾分为可回收垃圾、厨余垃圾、有害垃圾和其他垃圾分别丢弃。

而这一切都离不开党和政府在背后的默默发力。社会主义新农村建设强调"新房舍、新环境、新设施、新农民、新风尚"，带领农民建设新农村、倡导新生活。2021年，高邮市实施环境提升行动，突出点、线、面相结合，确保点上环境漂漂亮亮、线上环境清清爽爽、面上环境干干净净，以示范效应带动周边村庄的环境提升。

一方产业，助力增收致富

在与外公外婆话家常时得知，如今王桥村的年轻人大多外出务工，平日村里大多是老人在务农，由于老人们年事已高，许多耕地因此荒废，如何振兴乡村经济成为高邮市面临的一大难题。后来，当地凭借紧邻高邮湖的天然优势，结合水网密布、沟壑纵横的地理环境，引进了稻蟹共生田这一致富模式。

稻蟹种养依据的是稻养蟹、蟹养稻、稻蟹共生的理论，在稻蟹种养的环境中，蟹能清除田中的杂草，吃掉害虫，排泄物可以肥田，促进水稻生长；而水稻又为河蟹的生长提供丰富的天然饵料和良好的栖息条件，互惠互利，形成良性的生态循环。引入稻蟹共生田后，王桥村走上了乡村绿色发展之路，加快建设人与自然和谐共生的社会主义新农村。

与此同时，通过土地流转承包经营，原本零零散散的耕地得到有效整合，变成了成片成片、成亩成亩的稻蟹共生田。村里的老人每年不仅有分红，闲暇时在沟渠里摸螺蛳转卖给种田大户，又是一笔不小的收入。

千年前，李绅诗云："春种一粒粟，秋收万颗子，四海无闲田，农夫犹饿死。"站在如今的王桥村，甚至更为广袤的中国乡村，我想这首诗可以改为："春种一粒粟，秋收万颗子。四海无闲田，农民致富忙。"

一面党旗，绘就秀美画卷

在乡村经济日益振兴的同时，精神文明的大厦也在乡村拔地而起。夜晚来临，村里的路灯亮亮堂堂，文化大舞台可以说是村里夜间的"CBD"。村民们自发来到文化大舞台，跳广场舞、健身操，强身健体，其乐融融。

党的十八大以来，习近平总书记就做好"三农"工作特别是实施乡村振兴战略发表了一系列重要讲话、作出重要指示批示。党的二十大报告指出，全面建设社会主义现代化国家，最艰巨最繁重的任务仍然在农村。农为邦本，本固邦宁。随着乡村振兴政策的实施，今日的乡村早已"旧貌变新颜"，一幅美好的乡村画卷正在徐徐展开。

行走在王桥村新修的水泥路上，春天的气息正在蔓延。马路两旁的田间地头，春耕的农机徐徐前行；设施齐全的村头广场，爷爷奶奶们惬意地晒着太阳；乡村小学的门口，放学的孩子拿着新学期的课本，一脸笑意……我想，这就是乡村振兴最动人的画面。这是我与乡村振兴的故事，它仅仅是国家乡村振兴建设的一个缩影。此时此刻，在中国广袤的大地上，还有千千万万个乡村振兴故事正在书写。

【红色导师点评】

"听得见乡音，守得住乡愁。"乡村振兴的道路上，一幅幅美好的乡村画卷徐徐展开，经济的发展让"乡音"与"乡愁"不再受地域的限制。许许多多像杨文君同学一样的青年党员，通过自己的眼睛，感知乡村振兴的美好，在现代化的乡村中寻找自己别样的乡愁故事。在乡村振兴政策的号召下，一批又一批有志青年投身乡村建设，为乡村发展贡献自己的力量，乡村也以日新月异的速度"旧貌变新颜"。

红色导师：彭松（华中农业大学经济管理学院辅导员）

青年党员深入田间地头村屯农家"找苦吃""治学问"

王安邦

经济管理学院 2020 级农业经济管理专业硕士研究生

（2023 年 7 月 4 日）

【思想汇报】

《孟子·梁惠王上》云："不违农时，谷不可胜食也；数罟不入洿池，鱼鳖不可胜食也；斧斤以时入山林，材木不可胜用也。"这说明了农业生产要顺应自然规律，在人口、资源、环境之间实现平衡，才能够持续稳定地发展。回顾历史，不难发现，在传统的农耕社会中，农业生产力虽然较低，但是人与自然能够和谐共处；而在机械化时代中，农业生产效率虽然大幅提升，但是也带来了资源过度消耗、环境恶化等问题。加之在当前社会中，农村人口受教育程度有待进一步提升，在环境保护方面的理念和意识仍然不足。因此，在新时代中推动农业农村可持续发展具有重要意义——不仅有利于实现经济社会整体的可持续发展目标，还能够缓解城市化压力。

习近平总书记曾经寄语青年："青年一代有理想、有本领、有担当，国家就有前途，民族就有希望。"① 在推动农业农村可持续发展的过程中，我们既需要党政机关的正确引领和科学决策，又需要新时代青年的积极参与。特别是高等农业院校相关专业学生和青年党员，在这方面肩负着重要的责任和使命。作为一名农经学子和青年党员，我经常思考自己能够为农业农村可持续发展发挥出什么作用？我认为，青年党员在科研创新、涉农创业和建言献策等方面大有可为，并以此为契机，为推动农业农村可持续发展尽一份绵薄之力。

图 1　王安邦在学院表彰大会上发言

青年党员可以在科研创新中助力农业农村可持续发展

我从 17 岁开始在华中农业大学与农业经济管理结缘，19 岁时加入农业资源与环境经济团队并在何可教授的指导下尝试学术探索。如今 23 岁的我即将完成从硕士到博士的蜕变，并立志在未来的职业生涯中为推动农村可持续发展尽可能贡献力量。过去 7 年里，我深感兴农之艰难而意义重大，学术之浩瀚而心怀敬畏。故而，逐渐明白了推动农村可持续发展需众多青年党员以耕读为本、以创新为魂。

---

① 习近平. 决胜全面建成小康社会夺取新时代中国特色社会主义伟大胜利——在中国共产党第十九次全国代表大会上的报告［N］. 人民日报，2017-10-28（01）.

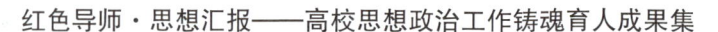

青年党员作为党和国家的未来和希望,作为科研创新的生力军,应该积极投身于乡村振兴事业,以科研创新为抓手,助力农村可持续发展。一方面,青年党员要深入学习贯彻习近平总书记关于可持续发展的重要论述,关注农村可持续发展面临的新课题、新挑战、新机遇,通过深入调查研究,提出有针对性、有创新性、有操作性的解决方案。另一方面,青年党员要把学术研究与实际工作相结合,通过实验、数据分析和结果验证等方式,将理论研究成果转化为现实应用,并推广到广大农村地区,帮助提高农业生产效率、节约资源、保护环境。同时,积极参与各种形式的学术交流,与其他青年党员和广大群众进行沟通和互动,传播正能量,激发更多人参与到农村可持续发展的行动中去。

青年党员可以在涉农创业中助力农业农村可持续发展

还记得在《农业企业经营管理学》的课堂上,老师关于涉农创业成功案例的生动展示,深深叩动了我的心。后来,在学院老师们的支持与鼓励下,我加入了一个涉及果蔬保鲜技术开发与推广的创业团队,并在国家级比赛中取得了不俗的成绩。这不仅让我感到自豪与欣慰,也让我更加坚信:在推动农村可持续发展的大潮中,只要敢于尝试,每个青年党员都能够做出自己应有贡献!

图2　王安邦在清华大学培训

青年党员可以在涉农创业中发挥重要作用，既能提升自身的创业能力和社会责任感，又能为农村可持续发展提供人才支撑和智力支持。一方面，深入调查研究农村的资源禀赋、产业结构、市场需求、消费特点等方面的情况，结合自身的专业知识和技能，选择有利于解决农村发展瓶颈、有望带动农民增收致富的创业项目。另一方面，利用学校和社会的资源网络，青年党员能够整合技术、资金、导师等要素，为涉农创业项目提供支持。同时，还要与科研机构、孵化器、企业等建立合作伙伴关系，宣传推广农村可持续发展和涉农创业的理念和实践，实现资源共享和互助合作，促进涉农创业项目的顺利进行。

青年党员可以在建言献策中助力农业农村可持续发展

我曾经也认为，在推进农村可持续发展的过程中，自己能够做出的贡献十分有限，所以怯于行动或发声。但是后来，在红色导师何可教授的带领下，我开始参与撰写一些关于乡村资源环境、粮食安全等方面的资政报告，并逐渐树立了在乡村振兴事业中勇担当、敢作为的信心。这也让我明白了学习农业有着广阔的前景，青年党员有着重要的责任。

图3 王安邦（右二）与乡村调研队队员合影

在深入了解农村实际情况的基础上，青年党员可以利用自己的专业知识和实践经验,积极参与资政报告写作。一方面,青年党员要尽可能地深入农村一线,通过实地考察、问卷调查、访谈交流等方式,收集并分析有关农村可持续发展的基本情况、存在问题,为资政报告提供充分的依据和支撑。另一方面,主动参与村委会、农民合作社、农村青年创业园等组织的建设和管理,了解这些组织对农业农村可持续发展的需求、态度和观点,并将之反映到政策建议报告中,增强资政报告的可操作性和可接受性。

总之,农业农村可持续发展是社会主义现代化强国建设的重要任务和必要基础,也是我选择扎根"三农"领域研究的初心和动力。唯愿在党旗指引下,广大青年党员永葆"自找苦吃"的精气神,在农村广阔的青山绿水之间,我们留下的是奋斗的足迹、美好的回忆,追求的是盛世中华人与自然长久和谐的未来。

【红色导师点评】

推动实现农业农村可持续发展,是贯彻"五位一体"总体布局、建设美丽中国的必然选择,是走好中国式农业农村现代化道路的内在要求。作为高等农业院校优秀青年学生党员的一分子,王安邦同学充分发挥专业特长,聚焦于农业农村可持续发展中面临的难点与痛点问题,秉持"科研创新、涉农创业、咨政建言"学术志向,坚持深入田间地头和村屯农家"找苦吃""治学问",积极为促进乡村全面振兴、加快建设美丽中国汇聚青春力量、贡献青年智慧,值得点赞!

红色导师:颜廷武(华中农业大学经济管理学院副院长、农业经济管理系教授)

用爱润育山区孩子的梦想之花

宫照伊湄

第十八届研究生支教团党支部副书记、贵州为民小学分队队长

（2023年7月4日）

【思想汇报】

我的导师项朝阳教授在赴贵州慰问志愿者时对我们说道："一届届志愿者们无私的奉献不仅改变了山区孩子的命运，还影响了一批又一批华农学子，这正体现了志愿者们身上的'自找苦吃'精神，也让华农真正成为一所有'大爱'的高校。"二十余载万里路遥，从荆楚大地到黔山秀水，我接过接力棒，将青春与大山相连，在"自找苦吃"中努力谱写更加壮美的青春华章。

图1 宫照伊湄在主题党团日上做汇报

"欲立事，先立心"。作为一名青年马克思主义者，我通过不断学习筑牢理想信念的根基。在支教工作期间，我从不放松个人的理论学习与党性修养，认真完成青马工程的培养任务。在思想上，我坚持勤读、精读、深读，从习近平新时代中国特色社会主义思想代表性著作中汲取智慧，并定期撰写心得体会，做到深学深悟、常学常新，个人相关学习成果多次发表在校地级以上媒体。每逢关键节点和重大会议，我与志愿者们能够做到及时开展集中学习并交流学习体会，以"领学+自学"的形式深入学习党的二十大、庆祝中国共产主义青年团成立100周年大会等会议的重要精神，目前已累计开展10余次专题交流分享会。我在学习中努力做到学懂弄通做实，将新理论、新知识转化为坚定理想、永不止步的动力。

"心中有信仰，脚下有力量"。作为一名党务工作者，我通过身体力行坚定勇毅前行的步伐。身为华中农业大学第十八届研究生支教团的党支部副书记兼团支部书记，我从理论学习、乡村教育、社会实践三方面入手，带领志愿者们在思想引领、志愿服务、乡村振兴等方面发挥支部战斗堡垒作用。我们走进红色教育基地，在参观中领略前辈风范，学习红色精神；党的二十大召开后，我带动研究生支教团党支部成员在各支教地开展"七个一""少年学思班""童心永随党"等学习活动，将红色基因融入基础教学，从小培养孩子们向党看齐的意识。我鼓励党支部党员学习宣传贯彻党的二十大精神，围绕志愿服务、支教工作方面积极撰写评论及心得体会，受到多平台推送。在以服务基层、服务社会为重任，全面提升研究生支教团党支部党建工作质量的过程中，我更加坚定了对党忠诚的信仰信念，增强了主动作为、苦干实干的干劲儿。以坚定的理想信念砥砺对党的赤诚忠心。

图 2　宫照伊湄在剪纸课与儿童共同完成剪纸

"百舸争流，奋楫者先"。作为一名研支团志愿者，我始终保持踔厉奋发的精神。身处大山深处，通过实地调研走访，我切切实实地感受到乡村教育振兴的重大意义。这一年里，我在平均每周授课 20 节的同时，与学校对接为孩子们开展 30 余次主题丰富的在线支教课程；积极推动"艺术支教"，和队友们在支教地为民小学亲自动手设计打造了一间艺术教室，组建艺术社团，并邀请学校艺术团来校授课，让孩子们开阔视野的同时，能够在属于自己的天地里充分展示自我。我带领队友们在深入学生家庭，平均每月家访 20 户的过程中了解到不同家庭学生的学习生活情况，通过午间畅聊、暖心通话等行动呵护留守儿童心理健康，并努力筹集爱心物资与善款、联络爱心人士结对帮扶困难学生，以实际行动诠释高校立身之本在于立德树人，积极承担社会服务的责任。我用情深耕教育沃土，用心浇灌希望枝芽，用爱润育梦想之花。我相信，在教育的田野上，种子一旦埋下，就没有什么能阻挡它破土发芽、开花结果。

图 3　宫照伊湄（三排左一）与支教班级学生合影

习近平总书记在党的二十大报告中殷切寄语："广大青年要坚定不移听党话、跟党走，怀抱梦想又脚踏实地，敢想敢为又善作善成，立志做有理想、敢担当、能吃苦、肯奋斗的新时代好青年，让青春在全面建设社会主义现代化国家的火热实践中绽放绚丽之花。"[1] 人生万事须自为，跬步江山即寥廓。立于华农而怀远，我当肩负使命，自觉把人生理想融入国家和民族发展的伟大进程，让闪闪发光的青春照亮奋斗的人生之路。

【红色导师点评】

2023 年 6 月 9 日，我前往贵州省毕节市看望我校支教志愿者，在与为民小学校长的交流中，我了解到为民小学师生近 200 人一天只能用 1 立方米水，快递只能寄到离学校有近半小时车程的镇上，支教的志愿者只有在学校从镇上拉物资时才有可能去一趟镇上。我就在想是什么力量让支教的志愿者们从繁华的大都市来到大山深处并且一待就是一年？在看到孩子们纯真的笑容和支教志愿者们熟练地从事各种教学工作后，我似乎找到了答

---

[1] 习近平. 高举中国特色社会主义伟大旗帜为全面建设社会主义现代化国家而团结奋斗——在中国共产党第二十次全国代表大会上的报告［J］. 中国人大，2022（21）：6-21.

案：理想信念是支撑志愿者们坚持的动力源泉。宫照伊湄等支教志愿者用她们的付出为山里的孩子打开了一扇窗，践行着华中农业大学"勤读力耕、立己达人"的校训和自己加入中国共产党时的庄严誓言。从她们身上我看到了中华民族实现伟大复兴的光辉前景。

红色导师：项朝阳（华中农业大学经济管理学院副院长、市场营销系教授）

青春与祖国同行

李 鸣

经济管理学院 2023 级农业管理专业硕士研究生

（2023 年 11 月 2 日）

【思想汇报】

习近平总书记在党的二十大报告中对青年一代寄予殷切期望："立志做有理想、敢担当、能吃苦、肯奋斗的新时代好青年。"[①] 新时代需要有创新意识和实践能力的青年人。如何成为新时代好青年？我认为最直接的方式就是参加社会实践，在社会实践中扎根中国大地，了解中国国情、社情和民情，在社会大课堂中更好地接受教育、增长才干和作出贡献，在基层磨砺中坚定理想信念、培养吃苦精神、锤炼优秀品格。

2023 年暑假期间，我积极参加武汉高校学子组建的"共同缔造"社会实践团，前往五峰土家族自治县"共同缔造"示范乡镇、社区开展专题调研，深入了解当地政策落实情况，探索决策共谋、发展共建、建设共管、效果共评、成果共享的方法和机制，打造新时代共建共治共享的社会治理

---

① 习近平. 高举中国特色社会主义伟大旗帜为全面建设社会主义现代化国家而团结奋斗——在中国共产党第二十次全国代表大会上的报告［J］. 中国人大，2022（21）：6-21.

新格局。

实践团队第一站走访了"共同缔造"试点——渔洋关镇麻溪冲小区。该社区是"共同缔造"省级示范社区,在"共同缔造"中形成了非常独特的做法,如"认领一棵树,共护幸福林"活动的成功举办,使得人们的居住环境极大改善,人民的幸福指数极大提升。记忆深刻的是该社区为了创建美好的社区环境,更为了确保卫生评比的公平性,开创性地组建了"学生卫生评比队",将每户环境检查的权力交给各户的小朋友。

实践团队随后走访了古潭小区"七彩党群连心站",这里是宜昌五峰首个由各户居民自发筹集资金实行"老小区加装电梯"的先行区。据社区工作人员介绍,他们为了提升所有居民对加装电梯事宜的满意度,先后召开了大大小小的咨询会、协调会不下百场。让群众由旁观者变为参与者,由事不关己变为事无巨细,在参与中获得幸福感。这一生动实践也让社区居民切实感受到了"共同缔造"的真谛:"自己的事自己想、自己的事情自己议、自己的事情自己干、自己的事自己管",真正实现了"小事不出小区、大事不出网格"。

当然,各地经济的发展离不开当地特色产业的发展,根据五峰打造的"一茶两中"(茶叶、中药、中蜂)特色地区品牌,实践团前往汲明茶叶公司与员工就发展困境进行畅谈,为企业发展提出对策建议,同时深入青岗岭生态茶叶公园,了解当地的农耕文化和茶叶种植情况,领略当地茶文化的独特魅力。

习近平总书记强调:"中国人的饭碗任何时候都要牢牢端在自己手中,饭碗主要装中国粮。"[1]生逢盛世当不负盛世,生逢其时当奋斗其时。此次社会实践考察,让我近距离见证了宜昌五峰"共同缔造"试点的成功,见证了湖北乡村振兴工作的成功。建设农业强国,需要"新农人"和"兴农人"。此次社会实践考察也更加坚定了我作为一名农林高校农业管理专

---

[1] 朱隽,郁静娴,周亚军,等."饭碗主要装中国粮"[N].人民日报,2022-02-18(01).

业学生以后深入基层从事乡村振兴相关事业的决心。对于已经开启的研究生生涯，我将发扬华中农业大学"勤读力耕，立己达人"的校训精神，一方面要加强对农业经济管理相关理论知识的学习，提升自身专业素养；另一方面也要紧跟我的研究生导师祁春节教授的脚步，以学术调研、社会实践、志愿服务等多种形式持续参与到各地发展的事业中，发挥所学专业优势和特色，为实现农业农村现代化而不懈奋斗。

【红色导师点评】

如何推动基层治理重心下移，推动"共同缔造"理念落地落实，关键要在一个个考题和一张张答卷中提升基层群众的满意度和获得感。正在全面推进的"共同缔造"实践为广大青年茁壮成长、施展才华、建功乡村振兴提供了历史的大舞台。李鸣同学以一个青年大学生的视角在社会实践中深刻感悟了"共同缔造"理念的内涵和现实价值，引导广大青年投身实践，为农业强国建设和促进农业农村现代化源源不断地输入新鲜血液。

红色导师：刘三宝（华中农业大学经济管理学院党委副书记、教授）

退伍不褪色　扬帆再起航

肖杨轶

经济管理学院2021级农林经济管理专业本科生
（2023年12月25日）

【思想汇报】

我叫肖杨轶，是华中农业大学经济管理学院的学生。去年9月，我从海军退伍。在两年的军旅生涯里，我是一名舰艇信号兵。

我至今依旧庆幸当时选择参军入伍，毫不后悔。很多人问我这两年得到了什么，我难以用一个词或一句话来描述参军的收获。从一名地方青年到一名战士，这是一段极为珍贵的成长过程。

部队可以改变一个人

由浮躁到沉稳，由幼稚到成熟。入伍后，我对生活中的方方面面都有了全新的认识。在这个环境里，做什么都要"一令一动""令行禁止"，在正确的时间做正确的事比什么都重要。人生应如走队列，坚定目标，大步向前；做人也应如站军姿，昂首挺胸，从容大方。

由被动到主动，由不解到自觉。入伍前，我做事需要别人提醒和催促，拖延症严重。入伍后，新兵班长的"动作要快，姿势要帅"的口头禅激励我在做任何事情时都要迅速利落。长此以往，我养成了不再拖延的好习惯。周围充满着"见红旗就扛，见第一就争"的氛围，我也变得更加积极主动，深知只有这样才能展现自己，为自己和团队赢得更多荣誉。

有人说，人生是一次次凤凰涅槃的过程。在经历了生理和心理上的磨炼后，我变得更坚强。如果有人问我：部队改变了你什么？我会告诉他：部队让我明白了初心和使命，学会了责任与担当，领悟了集体与荣誉的真谛。

直到有个兵样

在新兵连，没有人在意你是不是高学历，只要训练不及格，就得加练，直到你有个兵样。习近平总书记多次号召全军"始终坚持战斗力这个唯一的根本的标准"。当兵就是为了打仗，打仗打不赢一切等于零。而新兵连作为"兵之初"，军事训练更是重中之重。刚入伍时，我的军事训练表现一塌糊涂：跑步被套圈、单杠一个也拉不上、战救考核超时、手榴弹投远总是在及格线前落地……但我不曾气馁，总是在休息时间努力加练，一步一个脚印最终实现弯道超车。最后在结业考核中，我以全项合格的成绩获得了"训练标兵"的称号。

图 1　肖杨轶在舰艇工作

在信号班进行专业学习时，我每天都会被信号灯的强光刺痛眼睛，止不住地流眼泪，看灯看得眼睛红肿。最令我难忘的是最后的结业考核。考核设在灯光场上，学兵们手持抄报板坐在地上答题，面对刺眼的灯光即使流泪不止，也要控制住眨眼频率。这个过程不仅是对学兵专业技能熟练程度的检验，还是对学兵心理素质和意志力的严格考验，让我深切体会到了真正的"兵味"。

信号班的青春，独一无二

毛主席曾为我们通信兵题词"你们是科学的千里眼和顺风耳"。信号兵站位高，看得远，承担着为队伍提供视觉观察和保障信号通信的重任。当一名合格的信号兵，比想象中更为困难，我花了整整90天，才完成独立值更考核。在跟班学习的过程中，有因为紧张发报文吞吞吐吐、抄收报文抄不下来的烦恼，还有那些被班长批评"教了三四次怎么还做不好"的不甘心。

从最开始只能发几句短报文，到最后独立值班完成一次演习的信号通信保障，我不仅练就了一手过硬的专业本领，还赢得了大家的认同和赞许。年底，我荣获"四有"优秀士兵称号。在拿到证书的那一刻，我眼眶湿润了，这就是所谓的成长吧。

在信号班度过的日子，是我独一无二的青春。没有大炮导弹，没有征战沙场，信号灯、信号旗就是我的武器。我们是当之无愧的海上旗语者，我们用无声的旗语表达，诉说着对这片深蓝的热爱和对祖国和人民的无限忠诚，指引着战舰平安驶向壮美辽阔的远方。

不忘初心奔向远方

"向军旗敬礼"，随着口令下达，这一刻是结束也是开始，是告别亦是出征。军旅这列列车承载了太多的记忆：宿舍里，棱角分明的军被；操场上,摸爬滚打的足迹;战位上,拼搏坚守的身影。曾经的点点滴滴,都是青春最美的样子。在这里,我笑过、哭过、抱怨过,但从未后悔过。

图2 肖杨轶(左二)与军训教官

感谢军营,让我告别了学生时代的稚嫩,认识到了青年一代应当肩负的使命和担当。重返校园,我将带着军人的坚毅,以全新的精神状态投入学习。面对繁重的学业,我坚信只要思想不滑坡,方法总比困难多,遇到困难绝不轻言放弃。今年我做了一件一直渴望做到事情——带兵,与几位战友一同负责补训学生军训的工作。看着操场上同学们踢着正步、昂首挺胸向前走的时候,我仿佛看到了曾经的自己,回想起了那些在战舰上挥舞信号旗的日子。

今年5月,习近平总书记在给中国农业大学科技小院的回信中对同学们提出的"青年人就要'自找苦吃'"这一体会给予充分肯定,强调新时代中国青年就应该有这股精气神。广大青年要到火热的实践中经风雨、见世面、长才干,为全面建设社会主义现代化国家贡献青春力量。

未来的人生路还很长,沉溺于过去只会止步不前。良好的习惯,强健的体魄,还有相互依靠的战友,这些都是我两年军旅生涯最宝贵的馈赠,而这将成为我不断前进的动力。展望祖国光明未来,身上备觉温暖,内心更加坚定。当前,我们正朝着第二个百年奋斗目标迈进。目标不是敲锣打鼓就能实现的,必须付出更为艰巨、更为艰苦的努力。青春无边,奋斗以成。

广大青年应以"自找苦吃"的姿态勇往直前，担起党和人民赋予的历史重任，在强国路上绽放青春芳华、书写奋斗新篇。愿我们不忘初心奔向远方，退伍不褪色，扬帆再启航！

【红色导师点评】

在飒爽戎装下挥洒汗水，在热血军营中书写青春，在蔚蓝波涛里保家卫国。当前，青年大学生群体正是需要这种自找苦吃、吃苦耐劳的奋斗精神，以及一令一动、战则必胜的标杆意识。作为肖杨轶同志的红色导师，对于他在入伍前后的个人成长和思想变化倍感欣慰。希望能够有更多的大学生投身国防事业，在军事锻炼中练就过硬本领，站稳人民立场，补足精神之钙，筑牢信仰长城。

红色导师：徐嘉楠（华中农业大学经济管理学院辅导员）

以志愿服务执笔　书写青春答卷

付克宇

经济管理学院 2023 级企业管理专业硕士研究生

（2023 年 12 月 25 日）

【思想汇报】

近日，在华中农业大学经济管理学院研究生支教团党支部开展的"学习重要回信精神，砥砺担当作为"主题党日活动上，经济管理学院党委书记向晋文老师勉励志愿者们，要"眼里有理想之光，肩上扛担当之责，手头练本领之活，心中淌奉献之爱"。成长于孕育了本禹精神的经济管理学院，我深感荣誉与自豪，亦深知责任与使命。作为新时代的华农青年，应以实际行动，担当时代责任，让青春在奉献中绽放绚丽光彩。

图 1　付克宇在支教授课

奉献是一种信念，更是一种行动。2018年，初入大学的我被《牵挂》话剧中的一句台词深深感染："想做不做，机会错过。"剧中主角"张福禹"是以华中农业大学的三位青年榜样作为原型塑造的。在他们的身上，我看到了付出、艰辛、无奈与不舍，而在这背后熠熠发光的是一代青年为国家、为民族、为社会无私奉献的信念。奉献的路途可能并不总是顺利、愉悦的，但到达终点时我们一定是满足、幸福的。于是，在学院志愿者学长学姐的号召下，我加入了华中农业大学"本禹志愿服务队"，成为一名光荣的志愿者。在盲校，我们与视力障碍的弟弟妹妹们一同踏上探索心灵世界的旅程，通过手工制作和游戏互动，感知世界，让彼此的心灵紧密相连；在禧乐儿童康复中心，我们默默守护着孤独症孩子们的星星世界，用陪伴和关爱温暖他们孤独而敏感的心灵；在乡村小学，我们为山里的小朋友们带去丰富多彩的课程，帮助他们拓宽视野，激发对知识的渴望、对未来的向往；在社区老年活动中心，我们与老人们亲切交流，一起制作手工艺品，分享生活的点滴，为他们的晚年生活增添温馨与快乐……在一次次的志愿服务活动中，我深切体会到了奉献的意义与魅力，也在奉献中收获了成长。

图2　付克宇在辅导学生学习

"老师，英语这个朋友我交定了。"学生的一句话，让我更加明白了支教的意义并不只是简单地传授知识，而是让山里的孩子树立起自我成长的意识。2022年7月，挥手告别炎热未消的江城，作为华中农业大学第十八届研究生支教团的志愿者，我来到了位于贵州毕节的本禹希望小学。在这里，我接过了前辈们的接力棒，成为四、五年级的英语老师。为了不辜负前辈们的付出与孩子们的期望，我认真研读课标，把握教学重难点；向曾经的英语老师取经，学习备课经验；观看名师公开课，学习授课技巧。经过几堂课的打磨，站在讲台上的我越来越从容。在教学上，我从孩子们感兴趣的内容出发设计课程，关注每一名学生的动态，对表现优异、学习进步的孩子进行奖励，使得班级的学习氛围越来越浓厚。在教学工作之外，我和队友充分利用"第二课堂"为孩子们提供多元生长的空间，通过开展书法讲堂、非遗体验、经典诵读等活动，带领孩子们学习中华优秀传统文化，积淀人生的底蕴，发现成长的闪光点。担当是时代赋予青年的使命，在实现中华民族伟大复兴的道路上，我们应该主动走进西部、走进社区、走进农村，在祖国最需要我们的地方实现青春价值。

图 3　付克宇与孩子们在一起

只有练就过硬的本领，才能在新时代浪潮中砥砺前行。一方面，我将坚定服务他人、奉献社会的理想信念，永怀赤诚，不忘初心，坚持将志愿服务作为一种生活习惯，用真情、真心、真意服务需要帮助的困难群体。另一方面，我将刻苦学习，积极参与实践，掌握科学的学习方法，养成良好的学习习惯，不断提高自己的知识水平和专业素养。同时，将专业知识应用于志愿服务的社会实践中，持续丰富自己的人生阅历，锻炼人际沟通能力、组织协调能力和解决问题能力。在实现中国梦的火热实践中，更好地认识社会、服务人民。通过不断学习，我将努力成为一名本领过硬、全面发展的有用之人，为社会的进步和发展贡献自己的力量。

习近平总书记在给华中农业大学"本禹志愿服务队"重要回信中寄语青年："希望你们弘扬奉献、友爱、互助、进步的志愿精神，坚持与祖国同行、为人民奉献，以青春梦想、用实际行动为实现中国梦作出新的更大贡献。"[1]青春因奉献而闪光，青年因担当而生长。我将牢记重要回信精神，以更加坚定的信念、更加务实的作风，为实现民族复兴的伟大梦想不懈努力。以奉献之笔，书写一份属于华农青年的时代答卷。

【红色导师点评】

从一次志愿服务的感动到奔赴贵州一年的支教行动，再到立志一生的志愿服务生活方式，需要的不仅仅是从"情结"到"情怀"的转变，还需要用行动和真情去诠释和践行。付克宇将专业知识应用于志愿服务实践中，丰富着自己的人生阅历，收获着幸福与成长，体会着用生命影响生命的力量，生动诠释着青春"小我"在志愿服务实践中成长为祖国"大我"，投身实现中国梦的火热实践中，汇聚成不懈奋斗的青春力量！

红色导师：丁洁（华中农业大学经济管理学院办公室主任）

---

[1] 习近平. 习近平给华中农业大学"本禹志愿服务队"回信［ED/OL］.（2013-12-05）［2023-10-20］. https://www.gov.cn/ldhd/2013-12/05/content_2542812.htm.

力行"小事" 服务基层

吴连桐

经济管理学院 2023 级工商管理专业本科生

（2024 年 2 月 5 日）

【思想汇报】

青年是祖国的未来、民族的希望。新时代青年的奋斗状态关系到国家的发展和民族的走向，关系到中国共产党和中国特色社会主义的前途命运，更关系到中华民族伟大复兴。新时代青年要敢于突破"小我"的舒适圈，将"小我"融入祖国和人民的"大我"，把个人理想同祖国的前途、把个人人生同民族的命运紧密联系在一起，才能更好地实现人生价值。

2023 年是习近平总书记给华中农业大学"本禹志愿服务队"回信十周年，我校举办了一系列志愿服务主题活动，从本禹学长回母校与青年学子交流分享，到学校召开学习习近平总书记重要回信精神十周年座谈会，从校园原创经典话剧《牵挂》赴广东汕头演出，到青年志愿者们积极奔赴祖国各地参与各类公益活动，这些活动无不体现出狮山下、南湖畔浓厚的志愿服务氛围，以及一代代华农人对公益事业的热爱和对奉献精神的传承。

作为华中农业大学经济管理学院的一名学生，我为学长学姐们用大爱奉献社会、用真心温暖人间的行为感到光荣和骄傲。同时，我也很荣幸在步入大学之初就参加了本禹学长的交流分享会，并见到了他本人。他在会上向我们讲述了他从大学到现在的奋斗经历，尤其是他在山区支教的艰苦岁月。虽然我未能与他深入交流，但通过他讲述的感人故事，我了解到本禹学长在青年时期就树立了远大理想——心系祖国，服务人民。他用实际行动在大山深处绘就了绚丽的青春画卷。从那时起，我便将本禹学长作为自己的榜样，下定决心向他学习，为祖国的公益事业贡献自己的力量。

在 2023 年 12 月 5 日国际志愿者日到来之际，我积极报名参加了学校组织的公益活动。我和来自其他学院的十余名同学一起，走进武汉市晒湖社区党群服务中心，在工作人员的指导下开展了一系列志愿工作。我们身着红色马甲，佩戴红袖章和小红帽，领取相关学习材料，与交警同志一起在路口进行道路交通安全规范教育。在路口，交警同志会对违法违规的非机动车进行拦截，先进行口头教育，随后我们志愿者会给相关人员发一份学习材料，最后他们在通过测试后方可离开。我发现，这种以宣传教育为主的约束方式相比于单一的处罚，不仅更易于接受，还能快速提高公众的安全意识，从而提升城市整体文明水平，值得提倡。

此外，我们还走进辖区内的一个老旧小区，开展冬季取暖与禁毒方面的安全教育工作。起初，我认为这是一项很简单的任务，但走访了几户居民后发现，该小区居民多为老人和小孩，许多老人行动不便，甚至不愿配合我们的工作。为此，我们及时调整策略，提供全方位帮助，将"细心、耐心、热心"落实到每一家、每一户，尽最大努力将安全隐患降至最低。记得任务开始前，社区工作人员鼓励我们："大家都是大学生，都很聪明，我相信你们有能力完成任务。"工作结束后，我才意识到，这句话不仅体现了社会对大学生的认可，还寄托着对我们的殷切期望，我们作为新时代青年，唯有坚定信念，脚踏实地，敢于担当、无私奉献、方能不负时代重托。

图 1　吴连桐（右一）与志愿者同伴志愿服务合影

志愿服务是连接青年个体与社会的重要桥梁。回溯我国志愿服务的发展历程可以发现，青年志愿服务根植于百年中国青年运动，青年学生是我国志愿服务的先锋和主体力量。青年志愿者行动在推动"奉献、友爱、互助、进步"志愿精神深入人心的同时，也为中国特色志愿服务刻上了鲜明的青年特质烙印。马克思认为，人的发展是"人以一种全面的方式，也就是说，作为一个完整的人，占有自己全面的本质"①。志愿服务是实现人的全面社会化的重要途径，对于青年学生，参与志愿服务活动是一种提升自身综合能力的有效方式。它不同于传统课堂的教学模式，而是一种以服务为载体的体验式学习形式，通过有组织的社会实践塑造人，为培育担当民族复兴大任的时代新人提供了一条具有中国特色的育人途径。

作为农业大学的一名团员青年，我将始终牢记习近平总书记的殷殷嘱托，进一步明确奋斗方向，践行初心使命。在学习书本知识的同时，积极走进田间地头，在实践中积累经验，在挫折中磨炼意志，在祖国广袤的农村土地上书写青春华章。

---

① 马克思，恩格斯. 马克思恩格斯文集：第 1 卷［M］. 北京：人民出版社，2009：189.

【红色导师点评】

志愿服务文化的营造有助于增强志愿者的身份感、归属感和荣誉感，有助于引领青年找到青春方向和人生目标。华中农业大学坚持以习近平总书记给"本禹志愿服务队"重要回信精神为指引，积极发挥志愿服务文化的育人功能，结合青年学生的特点、兴趣爱好和能力特长，组织开展多种"小而实、小而专、小而美"的志愿服务活动，让志愿服务成为更多青年学生的内心追求，进而转化为行动自觉，让奉献、友爱、互助、进步的志愿精神熠熠生辉。

红色导师：于久霞（华中农业大学经济管理学院副院长）

石榴花开相映红　青春之歌动人心

谢依旦·艾买提

经济管理学院 2021 级人力资源管理专业本科生

（2024 年 3 月 5 日）

【思想汇报】

我出生在新疆的一个小村庄，那里有无边的戈壁和湛蓝的天空。从小，我就对外面的世界充满好奇，渴望通过学习改变命运。

初中时期，我偶然了解到一项政策：国家为了进一步加快新疆各民族人才培养步伐，促进各民族共同繁荣、共同进步，帮助新疆学子开阔视野、发展学业，特地设立了新疆内地高中班。从那时起，我便有了明确的努力方向。

经过不懈努力，我告别了亲人和生活了 15 年的家乡，怀揣梦想和憧憬踏上了求学之路，来到杭州，开始了为期四年的高中生活。初到杭州，我面临着许多困难和挑战。不同的文化、生活习惯以及学习压力都让我感到无所适从。杭州的生活作息时间比新疆早两个小时；杭州说下雨就下雨，好多次让还在上体育课的我猝不及防成了"落汤鸡"；以前在家顿顿吃面食，到了内地顿顿吃米饭；第一次系统学习汉语和英语的我，怎么也记不住"床前明月光，疑是地上霜"，英语单词也总是拼不对。幸运的是，我身边有一群来自不同民族的同学，他们和我一样离开家乡，和我一起慢慢习惯杭州的一切。在这里，我感受到了各民族同学之间的团结友爱。我们一起学习、生活、互相帮助、支持，在彼此的成长中留下了美好的回忆。

本地高中老师们对我们悉心教导，耐心解答我们的问题，给予我们无微不至的关怀。在他们的教育下，我们不仅学到了知识，还懂得了团结、友爱和感恩。还记得第一次从新疆出发，坐了56个小时硬座到达杭州。在这56小时里，高中老师们一直陪伴在我们身边，对我们说："大家能不远千里来到杭州学习实属不易，是中国共产党把你们从新疆带出来，希望你们能受到更好的教育。不管你们以后是飞得更远，还是学成回到新疆，都要谨记党的宗旨，成为栋梁之材。"这一列火车不仅连接了各民族的情感，还将我们送往了更好的未来。

一晃眼，高中四年过去了。当看到各民族同学一个接一个地收到录取通知书时，老师们脸上的笑容比任何时候都要灿烂。这四年里，各民族的老师和我们相互了解、相互尊重、相互包容、相互欣赏、相互学习、相互帮助，像石榴籽一样紧紧抱在一起，早已成了一家人。

从高中到大学，从杭州到武汉，在大学里，我牢记华中农业大学"勤读力耕、立己达人"的校训精神，永葆勤奋苦学的学习韧劲，积极参加各种社会实践和志愿活动，组织参与各类民族文化交流活动，热情地推介新疆的民族文化。我希望能用自己的努力，促进不同民族同学之间的了解。就在刚过去的学校2023年狮山欢乐节中，我和小伙伴们一起组织了"狮子山下石榴红"民族文化展项目，精心策划了维吾尔族、哈萨克族、蒙古族、藏族、壮族、苗族、汉族等7个民族的文化展示和体验环节。当天我们都穿着民族服饰，跳起维吾尔族的舞蹈，弹起哈萨克族的冬不拉。师生们纷纷前来参观和体验各民族文化，现场气氛热烈而融洽。不同民族之间的交流和互动，不仅丰富了我们的校园生活，还增进了彼此的感情。我知道，这"石榴花开相映红"的场景是各民族间血浓于水的牵绊。

图1 谢依旦·艾买提（左二）在狮山欢乐节介绍维吾尔族特色文创

2023年12月，习近平总书记考察广西时殷切叮嘱："各族群众唱歌跳舞在一起，生活居住在一起，工作奋斗在一起，中华民族像石榴籽一样紧紧抱在一起。"[1]回顾自己的成长历程，我对习近平总书记的教导理解得更为深刻。得益于党和国家的民族政策，我从新疆小村庄来到武汉大都市，从懵懵懂懂到坚定自我。我很感谢各民族老师们的教诲，感谢五湖四海的同学们的支持。正是有了这些，我才能够在求学路上不断前行，实现自己的人生价值。在未来的日子里，我将继续发扬各民族的团结友谊和艰苦奋斗的精神，为实现中华民族伟大复兴的中国梦贡献自己的力量。

【红色导师点评】

在党的民族政策关怀下，一批批像谢依旦·艾买提这样的同学，从家乡出发，追寻梦想，在青春的赛道上跑出了属于自己的精彩。头顶同一片天空，脚踏同一方热土，如今民族团结的种子早已生根发芽、遍地开花，就像文中写的那样，"石榴花开相映红"，各民族的青年在各自的岗位上听党话、跟党走，将小我融入大我，奏响了一首首新时代的"青春之歌"。

红色导师： 彭松（华中农业大学经济管理学院辅导员）

---

[1] 林晖，徐隽. 幸福的歌声希望的田野习近平总书记考察广西纪实[J]. 中国民族，2023（12）：5-8.

做一颗在希望田野上的种子

龙敬文

经济管理学院 2021 级农林经济管理专业本科生
（2024 年 3 月 21 日）

【思想汇报】

青春，犹如山野中百花之竞放；青春，犹如奔腾江水之泱泱。回望历史，一批批热血澎湃的青年高举真理火炬，力图洞见前路；立足当下，无数意气风发的青年担当历史重任，在实践中实现人生价值。在过去的近三年大学生活中，我始终以"做一颗种子"的心态不断督促自己、提升自己，用自己的努力和汗水追求梦想。我认为，新时代青年要做扎根在党和人民事业中的一颗种子，不断夯实根基，蓄积蓬勃的力量。

靠得越近，扎根越深。作为一名来自广西壮族自治区的少数民族学生，我深切感受着党的关怀。在党的光辉照耀下，家乡完成全面脱贫并走上了乡村振兴的康庄大道。正因如此，在进入大学后，我便萌发了成为共产党员，为同学服务的种子。"感人心者，莫乎于情"。在担任班长的一年半里，我始终秉持"三真"：真诚倾听同学呼声、真实反映同学愿望、真情关心同学困难。作为一名少数民族学生骨干，我更能了解各民族同学的文化差异，用心、用情维护民族团结生命线。在大二学年上学期，由于疫情原因，班上一位新疆少数民族同学未能如期返校。我便主动帮他处理在校相关事宜，以实际行动筑牢民族团结同心圆。

图 1　龙敬文在进行理论宣讲

"功崇惟志，业广于勤"。在日常学习中，我一直保持着勤学笃行、求是创新的躬耕态度，不断学真知、悟真谛、见真功。在党的理论学习中，坚持做到常学常新，真正把学习成果转化为党性修养、思想境界、道德水平的精神营养。在党建工作中，作为一名党支部委员，我始终以团结青年、组织青年、动员青年为主线，在支部内严把发展党员入口关，带动全体党员发挥先锋模范作用。

用情越深，枝叶越盛。习近平总书记在给中国农业大学科技小院的学生回信中强调："厚植爱农情怀，练就兴农本领，在乡村振兴的大舞台上建功立业。"2023 年暑假，我组织成立"'县'在出发，'襄'前探索"赴襄阳社会实践团。依托中国农科院微观农户经济数据调研与我校"华中三省"大调研，实践团队奔赴湖北襄阳谷城县三镇九村，在经济管理学院杨志海副教授的带领下，把技术培训和理论宣讲搬到田间地头，感悟课堂教学与实践教学的相互融合。我们共计走访农户百余名，从农户家庭情况、家庭收支、乡村治理等五个方面开展调研，力求为华中地区农户微观数据库建设贡献一分力量，将论文真正写在祖国大地上。团队也获评 2023 年湖北省"三下乡"社会实践优秀团队。

图 2　龙敬文（一排左一）在参加社会实践

冀以尘雾之微补益山海，萤烛末光增辉日月。记得在刚进入大学时，我认为自己的力量十分渺小，不愿向外发声。我的辅导员主动找我谈话，鼓励我"勇于尝试，大胆迈出第一步，有一分光，发一分热"。从那一刻起，我开始利用身边的一件件小事练就办好实事的本领，不以事小而不为，不以事急而盲为，做一颗为身边群众服务的种子。

晴川亦有百里雪，风雨夜有星月明。三年里，我见证了自己从贫瘠的灵魂到如今顺势而起的转变；见证了身边同学的精诚团结、不分彼此的同向发力；见证了身边老师的谆谆教诲，让我迎着春风，实干前行。在未来，我会继续做这一颗在希望田野上的种子，扎根华农，向上生长！

【红色导师点评】

在全面建成社会主义现代化强国的新征程中，需要青年学生骨干争做一颗向上的种子，生根泥土之中，敢想敢为、善作善成，以"昂扬破土"的坚定姿态逐梦前行。龙敬文同学作为一名少数民族学生骨干，积极发挥桥梁和纽带作用，在服务广大师生、开展耕读实践中发扬"吃苦不怕苦，处难不畏难"的精神，将"种子精神"厚植于心，向下扎根、向上生长，以实际行动诠释了少数民族大学生的担当。

红色导师：米佳乐（华中农业大学经济管理学院辅导员）

在实践中体悟耕读教育

成路曼

经济管理学院 2022 级经济统计学专业本科生

（2024 年 4 月 2 日）

【思想汇报】

近年来，华中农业大学为贯彻国家关于"加快推进乡村人才振兴"的精神，主动探索耕读育人新模式，制定了具有学科特色的耕读教育方案，开设了多样化的耕读课程。在参与耕读教育的过程中，我获益良多，不断将华农学子"勤读力耕、立己达人"的校训与为人为学之道扎根于心。

图 1　成路曼在华中农业大学襄阳书院

第一部分　红色导师·思想汇报

上学期，我和2022级的同学们共同前往我校襄阳书院参加耕读教育系列课程。在启程前，我不禁思考："耕读教育"到底是什么？学校为什么要开展这样的教育活动？我认为，耕读分为"耕"和"读"两部分，"耕"寓意实践与劳动，"读"则寓意学习与探索，其精髓在于经世致用、躬行实践，从土地和自然中汲取成长的力量，培养"三农"情怀，形成知行合一的实践观念。我也发现，当下的大学校园中，部分涉农专业学生对农业认识淡薄，存在学农不爱农、学农不务农的现象；学生对课堂学习缺乏主动性和兴趣；教材知识更新缓慢，教学内容滞后，学生学到的知识跟不上发展形势……而这些正是耕读教育所需要解决的问题。

学校组织的耕读教育课程涵盖了红色文化教育、传统文化教育、乡村振兴教育等七个板块的内容。通过实践，我走进了产业一线、社会一线、文化一线，更深刻地领悟到了"耕读"二字的魅力。

在"全产业链现代食品加工""现代智慧农业装备"等板块，我们走进正大集团、东风井关等企业，和企业家对话、参观产业链、进入工厂观看现场操作，切身体会到现代农业的现状，认识产业发展方向，了解到今天的农业已经步入数字化时代和一二三产融合阶段，需要的是交叉型、复合型人才，也明白了在大学应该真正去学什么。创新创业教育课程中，我们走进襄梦电商众创空间，在和企业家面对面交流的环节中，有同学提问："电商怎样才能做到真正有效地推广？"也有同学询问："未来从事电商这一行业，需要我们具备什么样的素养和能力？"……这些问题不再是一个概念的名词解释或单一的知识点，而是大家观察、体验、交流沟通和实操后的感悟。

在乡村振兴耕读教育板块，双沟镇梁咀村的村党支部书记王晓世给我留下了深刻印象。王支书带领村民们深耕蔬菜产业，通过规模化种植大棚蔬菜，建设蔬菜冷链保鲜与运输体系，利用多种渠道扩大销路，为村民带来稳定收益，找到了一条高质量、可持续发展之路。他让我看到了一批基层干部用心、用情、用实际行动在为老百姓谋发展，深刻体会到中国共产党"全心全意为人民服务"的宗旨所在。他们也让我明白，要利用好产业这一武器推进乡村振兴，实现共同富裕，这也是每位华农学子"以强农兴农为己任"的使命担当。

在传统文化教育板块，我们走进鹿门山、古隆中、襄阳古城，历史遗迹和文化知识相互交融。在大巴车上，带队老师为我们介绍孟浩然、诸葛亮，讲述金庸和他笔下的郭靖。下车后，我们又在实地用心感受他们曾经生活过的地方，与孟浩然一起聆听"春眠不觉晓，处处闻啼鸟"的喧闹，与诸葛亮一起谈论"先帝不以臣卑鄙，三顾臣于草庐之中"的故事，感受郭靖"侠之大者，为国为民"的气概。这是校内课堂所不能带给我们的奇妙体验，是校外耕读课程让我们更加贴近大自然，更加理解传统文化和文学经典。

"耕读传家远，诗书继世长。"中华民族自古以农立国、以耕读传家。学校的耕读教育帮助我们见世面、增学识、练本领、长才干。在今后的学习生活中，我将继续发扬耕读精神，在实践中磨砺自己，努力成为学农爱农、强农兴农的新型人才，将青春挥洒在祖国大地上。

【红色导师点评】

"半榻暮云推枕卧，一犁春雨挟书耕。"在历史悠久的中华农耕文化长河中，耕读文明世代传承。习近平总书记指出："耕读文明是我们的软实力。"[1] 耕读教育是推进农业农村现代化建设的重要基石。随着乡村振兴战略的深入实施，扎根中国大地的耕读教育"老树发青枝"，在新时代焕发新活力、展现新面貌。华中农业大学致力于把课堂学习和乡村实践紧密结合，以耕读教育培养知农爱农为农人才。希望成路曼等同学在深刻领悟耕读意义后，继续发扬其精神，厚植爱农情怀，练就兴农本领，为全面推进乡村振兴、实现中国式现代化贡献青春力量。

红色导师：祁春节（华中农业大学经济管理学院经济学系教授）

---

[1] 叶玲娟. 以耕读教育培养知农爱农为农人才［N］. 光明日报，2023-07-18.

厚植爱农情怀　贡献青春力量

张海霞

经济管理学院2022级产业经济学专业硕士研究生

（2024年4月11日）

【思想汇报】

习近平总书记给中国农业大学科技小院的学生们回信中强调："希望同学们志存高远、脚踏实地，把课堂学习和乡村实践紧密结合起来，厚植爱农情怀，练就兴农本领，在乡村振兴的大舞台上建功立业。"[1]身为华中农业大学的学生，我始终牢记习近平总书记的嘱托，努力将在校学习的知识运用到实践中，用"书本中的锄头"翻动"现代化农业的土壤"，将乡村振兴的种子播撒在祖国大地上，收获共同富裕的果实。

---

[1] 新华社. 习近平给中国农业大学科技小院的学生回信［ED/OL］.（2023-05-03）［2024-03-20］. https://www.gov.cn/yaowen/2023-05/03/content_5754010.htm.

图 1 张海霞（一排左二）在上饶广丰区调研

2023年暑假，我怀揣着对农业的热爱和对家乡发展的责任感，跟随导师祁春节教授深入江西上饶的田间地头，开展了一次富有意义的家乡农业产业调研。我们聚焦于"马家柚全产业链发展规划"，旨在深入了解上饶市特色产业的发展现状，探索其面临的瓶颈与挑战，以期为家乡的农业产业振兴建言献策。在祁老师的带领下，我们深入广丰区、鄱阳县等七个县区的种植基地，与农户们面对面交流，聆听他们的心声。他们诉说着马家柚种植的艰辛与喜悦，分享着产业发展的点滴进步，也袒露了当前面临的种种困境。同时，我们在当地领导的带领下来到专业合作社、标准化种植果园以及相关农业公司参观。在讲解中，我深刻体会到一线种植农户在带动当地走向共同富裕道路上所付出的艰辛努力，更能感受到他们对乡土乡村的热忱之情。

调研结束后，我们回到学校，将这六天的所见所闻所思梳理和凝练到《马家柚全产业链发展规划》（以下简称《规划》）中，涵盖种植技术的提升、品质管理的加强、市场渠道的拓展等方方面面。祁老师指导我们，《规划》必须注重与农户们的实际需求相结合，为产业发展蹚路子、寻方法，促进农业增效、农民增收。这让我更加深刻认识到"以强农兴农为己任"的使命担当。

图 2　张海霞（二排右一）在洪湖市调研

"纸上得来终觉浅，绝知此事要躬行。"我还跟随导师前往湖北洪湖、襄阳、长阳和福建永春进行实地调研，更加深刻体会到了理论知识与实践相结合的重要性。我明白了只有将所学知识运用到实际工作中，才能真正发挥其价值。在与农户们的交流中，我感受到了他们对农业知识的渴望和对未来发展的期待。而作为农经专业的研究生，我肩负着推动农业现代化的重任，更应当积极投身到实践中去，为祖国大地的农业产业发展贡献自己的力量。

图 3　张海霞（一排右一）在老河口市调研

脚踏实地的调研走访，不仅让我对家乡的农业产业发展有了更加深入的了解，还让我对自己的未来规划有了更加清晰的认识。"空谈误国，实干兴邦"。我将继续深入学习农业相关知识，不断提升自己的专业素养和实践能力。同时，我也会积极关注家乡农业产业的发展动态，将个人的梦想与家乡的发展紧密结合起来，用青春和智慧书写乡村振兴的壮丽篇章。

【红色导师点评】

人才振兴，是乡村振兴的基础。做好新时代乡村人才工作，必须培养一支高素质的敬农爱农知农乡村振兴人才队伍。习近平总书记指出："科研工作者要把论文写在大地上，把实践中形成的真知变成论文，当党和人民需要的真博士、真专家。"华中农业大学秉承"勤读力耕、立己达人"校训，整合科教资源及产业育人要素，开展耕读教育，积极探索学研产协同育人之路，带领华农学子走在大地上、学在大地上。张海霞同学通过暑假调研经历积极践行"手脑并用、知行合一"，在实践中培养"三农"情怀，担当"强农兴农"使命，为大力推进农业农村绿色发展，建设生态宜居的美丽乡村贡献自己的力量。

红色导师：祁春节（华中农业大学经济管理学院经济学系教授）

向上向善人人可学　奉献爱心处处可为

张子琰

经济管理学院 2023 级经济学专业本科生

（2024 年 4 月 19 日）

【思想汇报】

在 2024 年 3 月主题团日活动中，我们经济学类 2304 班团支部有幸邀请到了共青团湖北省委副书记、我院 1999 级经济学专业校友徐本禹学长与支部成员进行交流分享。在活动中，他就雷锋精神、支部建设和青年成长成才等话题和同学们进行了热烈讨论，并勉励大家今后要身体力行地践行雷锋精神，长期坚持做服务社会、服务人民的事情。

图 1　张子琰（二排左六）组织举办"学雷锋"主题团日

作为团支部书记，我深感责任重大。我将始终把雷锋精神贯穿团支部建设的全过程，团结全体支部成员，实现团员成长与支部建设同频共振，切实发挥基层团组织的战斗堡垒作用，努力打造信念坚定、敢于担当、活力奋进的优秀团支部。

热爱党、热爱国家、热爱社会主义的崇高理想和坚定信念是雷锋精神的关键内涵。作为团支部书记，我带领支部成员注重理论学习，不断提升思想引领力。理念是行动的先导，新时代团员青年应强化理论学习，提升理论素养，树立先进思想。为此，我组织团支部定期召开主题团日活动，不断创新理论学习形式，采用小组讨论、趣味小游戏和有奖知识竞答等多种形式，充分调动大家理论学习的热情。支部成员积极向党组织、团组织靠拢，自觉当好党的助手和后备军。截至目前，团支部已有 10 名同学自愿参加学校中国特色社会主义理论研究会，15 位同学被党组织确定为入党积极分子，另有 5 名同学提交入团申请书。

服务人民、助人为乐的奉献精神是雷锋精神的核心所在。我带领团支部擦亮青春底色，提升奉献服务力。在志愿服务和社会实践中，充分发挥好新时代青年的主力军作用，不断彰显新时代青年心系社会的精神风貌。2023 年是习近平总书记给我校本禹志愿服务队回信十周年，我组织支部成员系统学习了本禹志愿服务队的先进事迹，了解了我校在志愿服务方面取得的成就。团支部成员参加志愿服务活动的热情也不断高涨，或在"2023 全球粮食安全青年科学家论坛"中担任外宾引导志愿者，或在康馨养老院陪伴和照顾孤寡老人，或在社区教授老人使用智能手机……此外，团支部还组织了学校试验田除草、打扫南湖跑道、清理宿舍楼周边垃圾等系列公益活动，团支部成员参与志愿服务的比例达到 100%。

图2　张子琰在幼儿园为小朋友们科普知识

干一行爱一行、专一行精一行的敬业精神是雷锋精神的重要组成部分。我带领团支部聚焦于主责主业，提升组织凝聚力。在成为团支部书记后，我与支委密切配合，不断加强团支部的组织建设。从认真开展"三会两制一课"制度，到按照组织要求定期召开团支部大会、团小组会和支委会，"团结、友爱、活泼"逐渐成为支部氛围的主基调。同时，作为共青团员，同学们的第一要务仍是学习。我与其他支委一同建立集体自习、课后答疑的支部学习制度，形成良好学习氛围。针对存在学业困难的同学，团支部支委会进行"一对一"结对子帮扶，包干到人，充分发挥团员骨干的先进作用。在上一学期，团支部学习成绩在年级各支部中名列前茅。

作为新时代新青年，民族复兴重任在肩，我们要把崇高理想信念和道德品质追求转化为具体行动，以大爱的胸怀汇聚民族复兴的团结力量，用奋斗成就青春梦想，不负韶华，不负党和人民的殷切期望，以实际行动书写新时代的雷锋故事！

【红色导师点评】

雷锋精神并不浮于表面，也不高高在上，更不脱离实际，正如习近平总书记所说："雷锋精神，人人可学；奉献爱心，处处可为。"[1]雷锋用真情和行动，践行着党的宗旨，诠释了责任与担当，用点滴小事书写大爱的胸怀。无论时代如何变化，向上向善的精神内核永远是新时代青年的价值追求。团支部是团员青年思想政治教育的重要阵地、学习生活的基本单元、全面发展的坚强后盾，广大团员青年应增强政治性、先进性和群众性，以忘我的精神激发民族复兴的磅礴伟力，以进取的意志锻造民族复兴的无畏勇气，以不惧困难、勇挑重任的担当，不惧挑战、敢于斗争的勇气，不惧曲折、开拓进取的姿态，踔厉奋发、勇毅前行，为实现中华民族伟大复兴贡献力量。

红色导师：曾茜梓（华中农业大学经济管理学院辅导员）

---

[1] 中新社. 习近平总书记给"郭明义爱心团队"的回信［ED/OL］.（2014-03-04）［2024-03-25］. https://www.chinanews.com/gn/2014/03-05/5915393.shtml.

红星照耀青春　后浪逐光而行

黄安缇

经济管理学院 2021 级经济学专业本科生
（2024 年 5 月 6 日）

【思想汇报】

时代在变化，社会在发展，不变的唯有青年的担当。忆往昔峥嵘岁月，青年之辈振臂呐喊，唤醒家国大义；看当今时代，年轻人应当坚定信念，创造青春之为。回顾自身成长历程，是理想信念为我指明了人生方向，榜样模范为我树立了行动标杆。自入学以来，我珍惜每一次锻炼提升的机会，在人生重要的大学学习阶段不断坚定实现自身价值的理想信念。

在学生工作中，我学榜样、勇担当。初入大学，我加入了学院新媒体组织"红微工作室"，开启了我从事学生工作的三年生涯。作为文创部的成员，我积极奔走在采写稿件的各种场合，在活动现场和思想学习中不断提高思想觉悟。在学院奖学金颁奖表彰大会现场，我看到了许多优秀的同学，他们将自己的大学青春挥洒在创新创业、学术科研、社会工作、志愿服务、文体赛事等各个领域，展示了大学生活的无限可能。与学生党员交流时，看到他们胸前的党员徽章，我感受到信仰的力量。刚踏入大学门槛的我尚且懵懂，望着同辈榜样，心中对大学生活生出了"青春应奋发向上"

的期许。怀揣对文字宣传和学生工作的热爱，我在大三担任红微工作室的学生负责人，实践当初的期许。宣传学院动态、记录活动风采、组织时政热议，我逐渐在学生工作的锻炼中体悟到学生工作的真谛是"服务"，也通过正向反馈实现了蕴含在"服务他人，实干担当"中的自我价值。

图1　黄安缇（二排左三）参加"三农"调研

在调研实践中，我长真知、悟真情。连续两年暑期，我通过乡村调研和社会实践平台前往湖南、江西进行社会实践，在亲身参与中认识国情、了解社会、增长才干、体悟理想信念百年传递，青春奋斗步步向前。在井冈山红色研学中，我行走在红军"挑粮小道"上，崎岖陡峭的山路承载着那一代革命志士的救国信念，他们献出青春热血甚至生命，开辟出新中国的康庄大道。在湖南进行社会实践调研时，我来到新晃侗族自治县凉伞镇与一名农户对话。农户对"对如今的生活是否满意"这一问题的回答令我印象深刻："去年政府把公路打通到山里的家门口，现在又来了年轻的党员村干部入户帮扶我们，现在的日子越来越好过。"在全面建成小康社会的今天，在共同富裕的路上，一个也不能掉队。实地的感受最为震撼，头顶的红星令我心情澎湃，百年的跨越没有改变共产党人一切为了人民的初心，代代青年仍在为民族复兴而奋斗。我们作为新时代的青年人，理应接续奋斗。

图2　黄安缇参加疫情防控志愿服务

在个人成长中，我强信念、增本领。现在，我成了一名中共预备党员，在学习和实践中坚定了服务人民的初心。在当初的发展答辩中，我陈述坚定理想信念的过程"始于感恩，久于模范力量"。感恩来自中国共产党带领人民站起来、富起来、强起来。而模范力量则是来源于身边无数以"小我"融入"大我"的中国共产党人：2020年初坚守抗疫前线的母亲，在危难面前展现出医护人员和共产党员的责任担当；"无私的爱感动了每一个人"的徐本禹学长，将青春奉献给山区的孩子们，展现出青年党员的价值追求。在今后的岁月里，我将继续汲取榜样力量，在榜样之光的照耀下，努力书写"青春答卷"，以一域之光，为全域添彩！

图3　黄安缇（左二）参加红色实践

习近平总书记寄语青年："奋斗是青春最亮丽的底色，行动是青年最有效的磨砺。"[①] 一路的经历塑造理想，成长的实践锤炼本领，我愿将青春力量和祖国发展紧密相连，把小我融入集体之中，把担当体现在实干之中，在闪耀的红星下接续奋斗，在激荡的后浪里砥砺前行。

【红色导师点评】

"你们有幸遇见这样的时代，但时代更有幸遇见这样的你们。"新时代背景下，越来越多像黄安缇同学这样的"后浪们"，在人生的各种赛道中不断探索自我，在最美的青春年华不断实践创新，争做奔涌前行的时代弄潮儿。他们从迷茫到坚定，从稚嫩到成熟，在理想信念的指引下不断成长，在人生坐标中寻找最优化的状态，以青春之我、奋斗之我去定义人生的价值与生命的意义。生逢其时，有理想、敢担当、能吃苦、肯奋斗的新时代青年，正投身于火热实践中，用科学的理论武装头脑，用敏锐的眼光观察社会，用清醒的头脑思考人生，用智慧的力量创造未来，弘经世之学、扬济民之光，不负时代、不负韶华，一路青春一路歌。

红色导师： 向晋文（华中农业大学经济管理学院党委书记）

---

① 习近平. 在庆祝中国共产主义青年团成立100周年大会上的讲话[J]. 中国共青团，2022（10）：1-5.

以奉献之犁深耕青春沃土

田佳凝

经济管理学院 2023 级经济学专业本科生
（2024 年 5 月 28 日）

【思想汇报】

清代龚自珍有言："不畏微茫，造炬成阳。"青年者，人生之华，人生之春也。作为新时代的青年，有理想、敢担当、能吃苦、肯奋斗，不仅是聆听时代声音、响应党的号召的需要，还是广大青年在奉献社会中收获成长和进步，找到青春方向和目标的需要。国家之繁荣，在于民族之强盛；民族之强盛，在于人民之奋斗。百余年来，在中国共产党的旗帜下，一代代中国青年将青春奋斗融入党和人民事业，成为实现中华民族伟大复兴的先锋力量。

青春在奉献中绽放，价值在志愿中闪光。作为华中农业大学经济管理学院 2023 级经济学类专业的一名学生，从迈入校园的第一天起，我便深切感受到了志愿服务的浓郁氛围。身披红马甲的学长学姐志愿者们忙碌在校园的各个角落，帮助我们这些新同学搬运行李、答疑解惑、送来问候。2023 年，恰逢习近平总书记给我校"本禹志愿服务队"回信十周年。十余年来，本禹志愿服务队牢记"与祖国同行、为人民奉献"的殷切嘱托，沐浴新时代春风，担当中国梦使命。

初入狮子山下的新生开学季，我有幸参加了学院组织的"这十年，我们的支教故事"主题分享会。虽然并未与分享嘉宾徐本禹学长进行深入交流，但学长所分享的自己为何选择支教以及如何用爱润育山区孩子的故事令我久久难以忘怀。在此之前，我并未对未来的大学生活有十分清晰的规划，但在分享会上徐本禹学长通过"梦想、感恩、学习、吃苦、志愿服务、自律"六个关键词回顾了他的求学生涯、支教故事和志愿之路，对我们如何度过一个更充实、更有意义的大学生活进行了指导，我从中受益颇多。通过这次活动，我认识到了信仰和担当的力量，我在心中种下了志愿服务的种子，并立志用实际行动诠释华农人"立己达人"的行动自觉。

纸上得来终觉浅，绝知此事要躬行。曾不止一次听过这样一句感慨："夕阳无限好，只是近黄昏。"或许是因为年轻，我们无法体会和感受那已近暮年的孤独，因此我们需要给予老人更多的关爱。给予爱不是口号，而是实实在在的行动。为此，我于2023年10月初前往武汉市洪山区康馨养老院开启了我大学生涯的第一次志愿服务活动。到达目的地后，我听从工作人员的安排，负责陪伴老人聊天。我耐心倾听老人的家长里短和对年轻时的美好回忆，排解他们的孤独，也不时分享华农校园里的一些有趣的文化活动。这让老人们感到被关心和重视的同时，也给了我更深入了解社情民意的机会。之后，我被安排负责浇花和剪纸。我用心浇灌了养老院内的植株，与老人们一起做手工，科普消防安全知识，为老人们营造了一个更加干净整洁、舒适温馨的生活环境。"人人亲其亲，长其长，而天下平。"通过此次敬老活动，我体会到了奉献的快乐和尊老敬老的传统美德。爷爷奶奶们和蔼可亲地对待我们这些后辈们的生动画面，以及全体志愿者们不掺杂任何杂质的真情奉献之心，深深烙印在了我的心中。

青衿之志，履践致远。为了进一步传承奉献精神，寒假期间我在家乡的一所三甲医院开始了为期七天的志愿服务。我的主要职责是为患者提供对于看病流程的引导和解答他们的疑问，工作地点大多在门诊导医台和自助机旁。在导医台医护哥哥姐姐们的带领下，我学会了如何与不同年龄、背景和文化的人进行有效沟通。以需求为导向，以服务为目标，倾听他们的需求，提供清晰的解答。我也学会了如何使用简单明了的语言来解释医疗流程。从刚开始的腼腆和磕磕绊绊，到后来能够主动询问患者是否需要帮助，解决他们问诊过程中的实际困惑，并收获了无数声"谢谢"，我内心深处一遍遍体会到助人的快乐。为期一周的导医志愿者体验，既让我感受到了青年医护工作者的不易，他们用实际行动诠释了自己是有理想、有本领、有担当的青年一代，又让我更加珍惜自己的身体健康，不熬夜，不"硬"读书，养成了规律作息的好习惯。

萤烛末光，增辉岁月。为了进一步将奉献精神落到实处，传递助人的快乐，我在今年新学期的开始便积极投入志愿服务的工作当中。特别是当我得知有幸能担任2024年中国国外农业经济研究会志愿者时，我的内心充满了期待和激动。这是一个难得的学习机会，不仅能为学院贡献自己的一分力量，还能参与并见证农业经济领域的交流与发展。会议当天，我作为分论坛的志愿者，负责布置会场、引导座位、解答疑问等工作。在布置会场的过程中，我深感责任重大，因为每一处细节都有可能影响到代表们的参会体验。因此，我和另一名同学分工明确，相互配合，一起搬运桌椅、张贴海报，多次确认会议流程和各项细节，确保会议顺利进行。在会议过程中，专家学者从多方面、多维度就农业经济及乡村振兴问题作出了精彩的汇报，使我进一步了解了关于农业经济的热点问题和最新研究成果。他们的专业知识和丰富经验让我受益匪浅，也让我更加坚定了自己不断学习和进步的决心。

冀以尘雾之微补益山海，萤烛末光增辉日月。我十分庆幸能在狮子山下结识到如此多优秀的学长学姐，能向兢兢业业、乐于奉献的老师们请教问题。我将积极弘扬"奉献、友爱、互助、进步"的志愿精神，珍惜时间，把握机遇，在青春路上，且歌且行，且受且予，以奉献之犁，深耕青春沃土，以实际行动书写新时代的雷锋故事。

【红色导师点评】

奋斗的青春最精彩，奉献的年华最美丽。2013年12月5日，习近平总书记在给华中农业大学本禹志愿服务队的回信中强调："历史和现实都告诉我们，青年一代有理想、有担当，国家就有前途，民族就有希望，实现我们的发展目标就有源源不断的强大力量。"[①]在徐本禹学长和一代代"本禹们"的感召下，已有越来越多像田佳凝同学这样初入大学的大学生选择加入志愿者这个大家庭，用自己的青春一步步丈量人生的价值。时代在变、社会在变、群众的需求在变，志愿服务内容也不断与时俱进。本禹志愿服务队和以张瑜服务队、"食科一家人"志愿服务队、蓝色精灵志愿服务队为代表的各学院志愿者们积极发挥专业所长，深入大街小巷、田间地头，提供义务支教、环境保护、食品安全健康、防诈宣传、敬老爱老、科学养宠知识科普等志愿服务活动。在华农校园，志愿服务日益成为引领大学生活的新风尚。

红色导师： 曾茜梓（华中农业大学经济管理学院辅导员）

[①] 习近平. 习近平给华中农业大学"本禹志愿服务队"回信［ED/OL］.（2013-12-05）［2024-05-20］. https://www.gov.cn/ldhd/2013-12/05/content_2542812.htm.

以体育之我为民族复兴凝魂聚气

吕一航

经济管理学院 2020 级经济统计学专业本科生

（2024 年 6 月 19 日）

【思想汇报】

青年一代是国家的未来、民族的希望，也是体育事业发展的先锋队和生力军。我热爱体育，自进入大学以来，始终坚持将体育精神传递给身边的朋友和伙伴。在"无体育不狮山，无体育不青春，无体育不人生"的华农校园里，我们共同在汗水中锤炼意志，在挑战中超越自我，在团结中凝聚力量。

在体育运动中挥洒汗水，尽享青春

青年一代是与新时代同向同行的一代，生逢盛世，肩负重任。中华民族体育事业的发展进步需要我们每个人从点滴做起。自大学以来，我积极参加各类体育比赛，多次在运动赛场上斩获佳绩。作为跑步爱好者，我与多位优秀运动员一起训练，在阳光下奔跑，享受你追我赶的快乐；作为足球队队员，我与队友们见过凌晨五点的朝阳，也在傍晚操场熄灯后继续苦练传球；作为乒乓球爱好者，我经常与各学院的乒乓球队员以球会友，交流心得……

图1　吕一航（二排右二）与队友获得校男足冠军

在体育中，我不断成长，在一次次的体验与竞技活动中逐渐领悟到体育的意义：从个人层面看，体育是享受乐趣、增强体质、健全人格、锤炼意志的途径；从集体层面看，体育是中华民族体育精神的体现，是坚定体育文化自信的途径。我始终享受体育爱好，坚持体育锻炼，发挥体育特长，让体育与青春接轨，让青春的自己与时代同行。

在体育工作中尽心竭力，展现责任

"勤读力耕肩重任，立己达人图自强。"我一直渴望通过自己的努力，带动更多人爱上运动、走进运动。为此，我在大一便加入了学院体育部，并逐步成为部门负责人。其间我参与策划了十余项体育比赛，撰写了数十篇体育推文，无数次听到震撼的"一声经管，三声加油"。在这过程中，我更加认识到，作为体育工作者，我需要将体育的快乐传递给更多同学，凝聚整个学院的体育活力，展现青年人的社会责任与担当。在我和其他部门成员的共同努力下，学院在校运会和"狮子山杯"系列校级体育赛事中屡获佳绩，并荣获校"南湖跑先进集体"的称号，形成了良好的体育氛围。

从最初参与体育工作的懵懂到最后成为部门负责人的独当一面，我在这段经历中深刻体会到"服务他人，奉献社会"的学生工作内涵，培育了"修身、明辨、务实、笃行"的个人素养，这些都将使我受益终身。

在体育氛围中享受快乐，凝聚力量

"体育于吾人实占第一之位置。体强壮而后学问道德之进修勇而收效远。"1917年4月1日，毛泽东在《新青年》上对体育的论述让我谨记于心。在这个"天高任鸟飞，海阔凭鱼跃"的时代，我深刻体会到全国上下热烈的体育氛围带给我的震撼与感动。近一年里，我看到丁立人成为中国第一位"国际象棋世界棋王"，看到中国女篮时隔十二年问鼎亚洲杯冠军，看到张之臻让中国男子网球重回世界的视野。这是体育带给国家和人民的信心。在全民健身的浪潮中，各城市马拉松赛事井喷式发展，各大公园竞走团横空出世，中国台湾歌手刘畊宏将居家健身热潮带给无数"畊宏男孩和畊宏女孩"。这是体育带给社会的活力。

图2　吕一航随队捧起足球赛奖杯

体育强国是我国建成社会主义现代化强国的重要一环。作为青年人，我们需要主动拥抱这个繁荣的体育时代，让体育之我、运动之我，成为中华民族屹立于世界之林的又一份底气。

历史已经证明并将继续证明：体育是实现中华民族伟大复兴的重要力量！我将保持对体育的热爱，把体育的力量带给更多朋友。我相信，"以体育之我，扬中华民族伟大复兴之灯火"不仅是响亮的口号，还将在我们的奋斗和努力中一步步成为现实。

【红色导师点评】

体育精神是体育活动中体现的一种积极向上的价值观和行为准则，它不仅是比赛场上的竞争，还是一种对待运动、对待竞争的态度和精神追求。体育精神不只存在于一朝一夕，它深深植根于中华民族长久发展中形成的凝聚力。体育精神不仅提升了体育运动的价值，还为社会的进步和个人的发展提供了强大的动力。在体育精神的激励下，我们学会了公平竞争、尊重他人、坚持不懈和团队合作，这也让越来越多像吕一航同学一样的青年人逐渐理解并践行，为我们的社会带来了更多正能量。我坚信，不仅是青年，中华民族的所有同胞都能以体育之我，扬中华民族伟大复兴之灯火。

红色导师：李剑（华中农业大学经济管理学院经济学系教授、教工党支部书记）

传承红色基因　坚定青年学子理想信念

范子硕

经济管理学院 2023 级工商管理专业学生
（2024 年 6 月 25 日）

【思想汇报】

通过在大学的党课、思政课学习以及校园实践锻炼，我的思想发生了深刻变化，对党的创新理论有了更深层次的理解，对党领导下的中国革命史也有了新的认识。

"革命理想高于天"，理想是指路的明灯，没有理想就没有坚定的方向。2024 年 4 月 6 日，华中农业大学经济管理学院组织师生参加武汉国防野战园培训活动。活动中，我们了解到许多革命前辈为保家卫国和民族解放而奋斗的革命斗争史，以及被誉为中国"保尔·柯察金"的吴运铎"把一切献给党"的先进事迹。他们视死如归的革命精神和崇高的革命理想深深震撼了我！我也深刻理解了学校组织这次培训的良苦用心：进一步弘扬爱国主义精神，增强大学生的国防观念，启发我们领悟"天下虽安，忘战必危，怠战必亡"的深刻道理。

图 1　范子硕在白鹿洞书院实地考察

当我和家人谈及这次培训的感受时，我从父辈那里得知了我们家"一门双烈士"的尘封家史：我的曾祖父年仅 20 岁便加入了中国共产党领导的新四军。1945 年，他在安徽省涡阳县白水站对日本侵略者的战斗中光荣牺牲，年仅 25 岁。75 年前，我年仅 28 岁的曾外祖父在解放战争淮海战役中英勇牺牲。保家卫国，老一辈以这种朴素的革命理想义无反顾、无惧无悔地投身于中国共产党领导下的中国革命中。我为先辈们深厚的爱国情怀和坚定的革命意志感到无比自豪。

来到华农读书的近一年时间里，学校和学院党组织对青年学生的培养倾注了大量心血。一次次党课教育和党建活动让我受益匪浅，党的先进性也感染着我，使我树立了永远听党话、跟党走的坚定信念。

我的红色导师李刚老师曾在一次谈心谈话中对我说："实现中华民族伟大复兴，需要一代又一代有志青年接续奋斗。你要继承家庭光荣的红色血脉，好好学习，天天向上，做一个与祖国同行、与时代同向、与人民同在的奋进者、搏击者。"我渴望成为一个理想远大、热爱祖国、脚踏实地、积极进取的有志青年。这不仅要求我坚定为实现中华民族伟大复兴而奋斗的理想和信念，还要努力学好、学深、学透专业知识，广泛涉猎其他学科知识，做一个全面发展的新时代青年。

图 2　范子硕在德鲁克青年社区研读《习近平谈治国理政》

为了更好地锻炼自己、服务同学，我通过认真准备，成功竞选了班干部岗位。在班长这个岗位上，我深感责任重大。我坚持发扬以"勤读力耕、立己达人"为核心的华农精神，致力于建设一个有凝聚力、向心力、战斗力的班集体。工作中，我注重发挥组织有力、传达通畅、榜样示范、规范秩序的班长作用，努力使自己成为理想信念的"传播者"、学习道路的"领航者"、班级管理的"执行者"和集体建设的"服务者"，全力将班集体打造成一个信念坚定、敢于担当、团结奋进的集体。一分耕耘，一分收获，我本人在学院的班长工作考核中多次名列前茅。同学们的鼓励和学院的肯定，激发了我今后更加努力工作的动力。

作为新时代青年，我非常庆幸自己不仅能在家庭中汲取红色资源补钙壮骨，还能在校园实践中得到磨炼，提升学识、锤炼本领、增长才干。在今后的学习生活中，我将继续刻苦努力，争做一个心中有梦、眼里有光、肩上有责、脚下有路的新时代青年。

【红色导师点评】

红色基因植根于革命先烈用鲜血染红的泥土中，传承于一代代人不懈奋斗的事业中。范子硕同学通过学习党史、参加国防教育、了解曾祖父和曾外祖父参加抗日战争和解放战争的事迹，在革命先烈英勇无畏精神的感召下，坚定了听党话、跟党走、为实现中华民族伟大复兴而奋斗的理想信念。作为班干部，他积极开展活动，成为中国共产党理想信念的传播者；作为大学生，他认真学习专业知识，提升文化素养，争做一个又红又专的社会主义现代化建设者。青年兴则国家兴，青年强则国家强。我相信，通过传承红色基因，赓续红色血脉，在一批批有志青年的接续奋斗下，中华民族伟大复兴的中国梦一定会早日实现。

红色导师：李刚（华中农业大学财务与资产管理部副部长、后保部财务总监）

让信仰的旗帜永远在心中飘扬

钱皓月

经济管理学院 2023 级工商管理专业本科生
（2024 年 9 月 12 日）

【思想汇报】

我出生在长江与京杭大运河交汇处，一座温润如玉、风景如画的东南小城——江苏扬州。这座古城因一句"烟花三月下扬州"而闻名遐迩。千百年来，古运河上桨声依旧，人声鼎沸不绝。记忆中，那里的阳光总是温暖而明媚，走街串巷间，空气中弥漫着家的气息。从小，我便对这座小城充满了深深的爱，它是我的根，是我生命的起点。

儿时的我对世界充满了好奇。每一次日出日落，每一次季节更迭，都让我感到无比新奇与兴奋。我常常趴在窗前，凝望窗外的世界，想象未来的自己会成怎样的人。

随着时间推移，我逐渐长大，开始细细端详这座城市的一切。它在斗转星移间累积了两千五百年的历史，日升月落，无数文人墨客途经此地，笔墨挥毫间留下了众多脍炙人口的诗篇，为这座小城的一砖一瓦、一草一木增添了厚重的历史气息。

图 1　钱皓月在大运河博物馆参观考察

成长的过程让我经历了一次又一次的蜕变。我对生活有了更深的理解和感悟，也对未来有了更明确的规划与期待。进入高三后，学校组织了一次参观朱自清先生故居的活动。朱自清先生是近代中国著名的诗人、作家、学者，也是一位杰出的民主战士。他从我们共同的母校扬州中学毕业后考入北京大学。在那里，他不仅写下了《荷塘月色》等饱含深情与希望的文字，还在国家危亡、山河破碎之际，积极投身民主运动，发出"宁肯饿死，不领美国救济粮"的呼声，激励着一代代青年在追梦路上奋勇前行。

朱自清先生的故居位于安乐巷，这条建在市中心的窄巷仅容两人侧身通过。两人骑自行车相遇时，其中一人需驻足等待。然而，这样狭小的巷子，却是这座小城民主革命的发源地之一。

踏入故居大门，门厅里陈列着"五四"时期扬泰地区多位为国家而舍生取义的革命战士，如江上青先生、曹起溍烈士等。他们不惧压迫，创立了早期的中国共产党党支部，为民族解放而奋斗。墙上黑白色的照片虽已年代久远，但始终不变的是他们坚定的眼神和火热的忠心。

参观结束后，我抬头望着巷子里、四合院内那一方小小的天空，心情久久不能平静。在前人不惧困难、勇于献身的精神激励下，我开始追求自己的梦想，不再满足于现状。我尝试挑战自己，超越自己。在后来的学习生活中，我遇到了学业的压力、成长的困惑、生活的考验……但我始终谨记党"坚持真理、坚守理想、践行初心、担当使命、不怕牺牲"的宝贵精神，并从中收获了成长与进步。

随着年龄增长，我开始探索更广阔的世界。我离开家乡，来到陌生的城市——武汉求学。这里的一切都让我感到新奇和陌生，但我始终能感受到这座江城空气中弥漫的红色气息。进入大学后，我在课余时间参观了新四军军部旧址纪念馆和八七会议会址纪念馆等红色教育基地。尽管时光已逾百年，我仍能清晰地感受到那一股信仰的力量。

如今，我在这座城市生活已超过一年。这里的风俗习惯与我的家乡不尽相同，但城市中所散发着的生命力是相似的。此外，我学会了如何与人相处，如何处理日常学习和工作中的种种问题。我也开始明白，人生就是一场勇敢的探索，只有不断前行，才能找到属于自己的路。

回首过去，生活如一幅斑斓画卷，有坚定也有迷茫，有满足也有遗憾。我知道，这些年的经历和成长都将成为我人生中宝贵的财富。我始终明白，前方还有未知的旅途等待我去探索，而这恰恰需要不竭的坚定与勇气。

展望未来，我满怀期待与信心。我相信，作为新时代的华农青年，我只要始终追随党的指引，用科学的理论武装头脑，用身边优秀的典型激励自己，就一定能够实现自己的理想，成为一名合格的社会主义建设者和接班人，让信仰的旗帜永远在心中飘扬。

【红色导师点评】

钱皓月同学以在家乡出生和成长的经历为主线，着重描述了高中时期参观朱自清先生故居的经历，加深了对中国共产党的理解和认识，并在内心深处播撒下了一颗"红色种子"。文字中充满了对家乡独特的眷恋之情和对未来的无限憧憬。在思想汇报的后半段，通过求学地点的转换，将扬州和武汉两座城市的红色精神融会在一起，激励自己以昂扬的姿态争做"有理想、敢担当、能吃苦、肯奋斗"的时代新人。

红色导师：刘三宝（华中农业大学经济管理学院党委副书记、教授）

传承红色基因　共筑振兴之路

王　好

经济管理学院 2022 级国际经济与贸易专业本科生

（2024 年 9 月 12 日）

【思想汇报】

　　胸怀对农业的深厚情感，秉承勤奋学习与辛勤耕耘的实践精神，2024 年暑假，我加入颜廷武教授的团队，踏入了孝感的田间地头，投身于一场充满挑战与收获的社会实践活动。在这里，我不仅是一名学习者，还是红色精神的践行者。我努力将数字技术的种子播撒在这片希望的田野上，推动农业向绿色低碳的方向迈进。

　　在这片充满生机的土地上，我与村民们并肩劳作，共同探讨，通过一次次的实地调研和政策宣讲，我更加深刻地理解了乡村振兴战略的重要性。在与农户面对面的交流中，我感受到了村集体在推动合作社发展和乡村振兴中的重要作用。乡亲们的生活与大自然紧密相连，常常受到变幻莫测的自然力量的影响。他们勇敢地面对一切挑战，无论是突如其来的洪水还是无情的干旱，都坚定地挺身而出，保卫自己的庄稼和家园。然而，面对这些季节性的考验，即便是最坚强的个体，力量也十分有限。

图1　王好（右一）开展农户访谈

于是，村集体站了出来。访谈中，农户们不止一次对村集体表达了感激之情。他们表示，正是因为村党支部的引领示范和默默付出，村民们才能够团结一致，加入合作社，利用公共资源实现共同发展。村干部们也谈到，村里每年都会定期举办多场集体培训活动，旨在为农户提供技术支持和学习机会。此外，他们还积极与合作社沟通协作，利用合作社的销售网络，拓宽农户农产品的市场销售路径。"团结就是力量，团结才能胜利"，这种集体主义与共同富裕理念下的团结奋斗精神，正指引村民在农业现代化的道路上迈出坚实的步伐。

"红军不怕远征难，万水千山只等闲。"调研走访至卫东村，进入群众服务中心，映入眼帘的便是"江山就是人民，人民就是江山"十二个大字。这也是中国共产党人一以贯之的价值追求，是新时代以人民为中心的行动指南。卫东村的变化让我深刻体会到了政治引领和思想旗帜在农村发展中的重要性。这里的每一步发展，都凝聚着对红色传统的尊重和对未来的深思熟虑。在卫东村，我注意到了村民委员会墙角的"爱心超市"，看到了村子里的"印象展览馆"和"休闲广场"。这些设施不仅丰富了村民的文化生活，还成了红色文化传承的重要载体。通过这些设施，红色精神被巧妙地融入村民的日常生活中，让每个人都能在生活的点点滴滴中感受到红色精神的力量和影响。

"青山依旧在,几度夕阳红。"在上湾村合作社二楼的红色文化陈列馆里,周辉同志的一张张照片记录了他身经百战的戎马生涯。文字和照片虽然无声,却以其独特的力量,述说着那个动荡年代中的光辉历史。它们如同岁月的雕刻、历史的低语,镌刻着前辈们在风雨如磐的年代中所展现出的坚韧与奉献。正因如此,合作社特意将二楼空间保留,将其作为历史的见证,也作为一面无声的明镜,时刻提醒后辈们不忘初心,铭记那些为今日和平所付出的不朽努力。

同心协力,共筑爱农兴农梦。在集体智慧的火花碰撞中,团队投身于暑期调研方案的深入探讨与精细打磨。经过反复推敲与修订,我们制定出了一份既科学严谨又切合实际的调研问卷。通过明确分工、协同作战,我们成功完成了每组近四百份问卷的调研任务。团队成员肩并肩,心连心,共同面对挑战、共同分享成果。团队的协作精神,就像一条条红色的纽带,将我们紧密相连,让我们在乡村振兴的道路上坚定不移地前行。

回顾此次调研,我受益匪浅。那些曾经存在于纸张上冷冰冰的知识点,成了我眼中鲜活的存在。至此,我才真真切切感受到了文字的温度与力量。乡村振兴任务艰巨,身为华中农业大学的学生,我将秉承"一手拿书本,一手拿锄头"的精神,通过深入乡村振兴第一线的实践,不断培养吃苦意识,提升调查研究能力。在充满希望的田野上,边耕边读、同耕同读、勤耕勤读,用知识和汗水,为农业现代化和绿色低碳发展贡献出自己的一分力量。

【红色导师点评】

立足服务国家战略需求,坚持"把论文写在祖国大地上"是农业高校师生的优良传统。暑期是广大师生深入农村开展村情民意调查、掌握科学研究一手素材的宝贵机会。王好同学作为一名"学农爱农"的青年学子,自觉践行"勤读力耕、立己达人"的校训精神,主动请缨加入我的科研团队,投身于调查研究和政策宣讲工作。她在实践中勇挑担子、甘找苦吃，展现了当代大学生"奉献社会、锤炼自我"的价值追求和"纸上得来终觉浅，绝知此事要躬行"的求知精神。正因为乡村田间地头、生产车间活跃着很多像王好这样"怀抱梦想、脚踏实地，敢想敢为、善作善成"的青年身影，"农业强、农村美、农民富"的美好愿景必将更快变为现实。

红色导师：颜廷武（华中农业大学经济管理学院副院长、农业经济管理系教授）

柑橘花开　乡村梦启

谢崇臻

经济管理学院 2023 级产业经济学专业硕士研究生

（2024 年 9 月 12 日）

【思想汇报】

民族要复兴，乡村必振兴。新时代青年是实现乡村振兴的排头兵和生力军。作为华中农业大学经济管理院的一名研究生，我理应在推动农业发展中苦干实干真干，在推进乡村治理中担当作为，在服务农民中实现自我发展，为推进农业农村现代化贡献青春力量。

2024 年暑假期间，我跟随导师祁春节教授前往宜昌市秭归县开展调研。通过实地走访与问卷调查，我对当地柑橘产业的发展有了更深入的了解。在调研过程中，我看到越来越多的农户开始采用无人机施肥、灌溉、灭虫；了解到当地政府打造柑橘全产业链发展模式，推动柑橘一二三产业融合发展，组织当地网红带货、鼓励供销社在电商平台等新型销售渠道助力农户增收。这些举措让我深刻感受到乡村振兴给农业农村带来的巨大变革和农民生活质量的显著提升。

为了更加深入了解当地柑橘产业发展模式，我们参加了秭归县委组织部开展的 2024 年度秭归县柑橘产业高质量发展研讨会。会议旨在强化秭归脐橙对外展示和营销，支持农业机械化、现代化发展，数字赋能农业提质增效。当地种植大户在会上分享了种植、加工和销售的经验，讲述面对的实际问题和困难。与会专家围绕柑橘种植和加工的关键问题进行科研攻关，就种植机械化、农技推广、电商发展等进行"问诊把脉"。在这次暑期调研中，祁老师尤其强调了宜昌秭归柑橘的出口贸易发展，为当地的柑橘产业提供了有针对性的发展方向。通过此次研讨会，我感受到科技创新为农业发展带来了便利，但同时带来了不少发展难题。

2024年的中央一号文件将"提升乡村产业发展水平、提升乡村建设水平、提升乡村治理水平""三个提升"作为推进乡村全面振兴的重点。我深知，产业振兴是乡村振兴的重中之重。如何帮助农户挖掘当地资源禀赋和生态优势，如何明确乡村产业发展重点方向，如何更有效地助力柑橘产业发展，是我们产业经济学研究生在实践研究过程中要解决的重要问题。

祁春节老师常常勉励我们，要在"干中学"，将书本知识与实践紧密结合，更强调知识"落地"的重要性。所谓"落地"，就是要深入田间地头，与当地农户进行面对面交流，收集"第一手"资料，有针对性地提出具有建设性的对策建议，从而更好地为乡村振兴贡献力量。调研结束回到学校后，我深入分析了王家岭村作为柑橘产值亿元村及共同富裕先行带建设核心区域的作用，总结了核心区域推动乡村振兴的显著成果。通过及时录入问卷数据和资料分析，我为促进当地农业增效、农户增收提出了有效且针对性强的对策措施。

"青春虚度无所成，白首衔悲亦何及。"这句诗时刻提醒着我，青春是短暂的，我们应该在这段宝贵的时间里努力学习、积极实践，为实现中华民族伟大复兴的中国梦贡献自己的一分力量。在接下来的研究生学习生活中，我会继续深入学习柑橘产业经济知识，以专业视角审视柑橘产业发展，助力产业升级与治理创新，帮助群众出点子、谋路子、挣票子，做到"干中学，学中干"，激活乡村振兴的"一池春水"，奋力谱写为中国式现代化挺膺担当的青春之歌。

【红色导师点评】

青年兴则国家兴,青年强则国家强。新时代青年的责任感与使命感,应该在乡村振兴中有所施展。希望谢崇臻同学能继续发挥"勤读力耕、立己达人"的华农精神,上接科研"天线",下接农田"地气",瞄准产业需求,练就过硬本领,为农业增效、农户增收出新"点子",在"自找苦吃"中收获别样青春。

红色导师: 祁春节(华中农业大学经济管理学院经济学系教授)

第一部分　红色导师·思想汇报

让青春之花在乡村振兴中绚丽绽放

王馨淳

经济管理学院 2022 级经济学专业本科生
（2024 年 10 月 26 日）

【思想汇报】

对青年大学生而言，基层是历练自我的熔炉，用奋斗装点的青春才会更加充实无悔。为传承弘扬"勤读力耕，立己达人"的校训精神，2024 年暑假，我加入了华中农业大学璞光公益队，深入乡村、感受民风、探访民情，与农民共同研究创新性发展思路，开设趣味课程，拓宽小朋友们的视野，宣讲红色经典故事，弘扬爱国主义情怀。在这里，我们不仅是乡村支教助学践行者、红色经典故事的宣讲人，还是乡村产业振兴的推动者、优秀传统文化的传承人。

支教助学，培养时代新人

人才振兴与支教助学相互促进、紧密相连。新时代大学生是乡村振兴的生力军，我们通过支教的方式深入乡村，为当地小朋友及村民带来了丰富多彩的课程，包括神奇有趣的物理化学小实验、红色经典爱国主题教育、清晰明了的认识自我主题课、欢乐激情的趣味运动会以及丰富多彩的歌舞排练课，为乡村振兴贡献自己的力量。

图 1 璞光公益队全体成员

在支教过程中，我深刻感受到乡村孩子们天真乐观的生活态度。当我们走在田间小路上进行乡村调研时，孩子们自信大方、喜悦热情地和我们交流，这让我对新时代农村孩子有了全新的认识。同时，我也感受到孩子们对知识的渴望和对新鲜事物的好奇。我们的支教课程主要分为四个板块：一是认识自我、发现自我系列主题课程；二是物理实验、趣味游戏系列兴趣课程；三是舞蹈排练、体育运动系列文体课程；四是作业辅导、薄弱提升系列文化课程。在上课期间，小朋友们能够集中注意力跟随课程进度，遇到不懂的问题也可以有序提问。孩子们绽放的笑容让我深刻体会到下乡支教的正确性和必要性。我们将有限的知识传授给村里的孩子，换来的是他们对未来注入了活力的无限憧憬，这不仅有助于他们的人生发展，还为乡村教育振兴注入了活力。

民族复兴的根基在于乡村，而乡村繁荣的关键在于人才。这次为期一个月的支教经历，对我而言，不仅是一次简单的实践，还是一次心灵的洗礼和磨砺。当我踏上那片陌生的土地，从一名学生转变为站在讲台上的老师时，面对那一双双充满渴望的眼睛，我深知自己肩负的责任与使命。面对乡村人才流失和人口老龄化严重的问题,亟须培养一支懂农业、爱农村、爱农民的"三农"工作队伍,这既是中央部署的工作要求,又是基层实践的迫切需要。

助农兴农,推动产业发展

产业振兴是乡村全面振兴的基础和关键。只有实现乡村产业振兴,才能不断完善农业产业链,培育农业新业态,拓宽农民收入渠道。乡村建设必须立足自身产业优势,因地制宜,各展其长,才能不断延伸产业链条,提升农产品产生的附加值。

图2　王馨浡(右一)在研讨会上发言

河北省保定市李庄乡刘王力村大面积种植辣椒、小麦、玉米和西瓜等经济作物,其中辣椒是主要的经济收入来源。跟随宏润农业合作社刘小红社长,我们走进辣椒种植田地和合作社的设备仓库,学习观摩了朝天椒这一当地支柱产业的实际情况,并用镜头记录下无人机喷洒农药的过程和辣椒在夏季生长的良好态势。据刘小红社长介绍,在无重大自然灾害的情况下,村里朝天椒的年收益较为可观,但由于未注册产品商标,缺乏品牌效应,丰收季节时商家常常压低批发价格,导致农民收益受损。为此,我们联系了保定市新闻媒体,全程跟拍式记录下村庄情况和农作物种植情况,并通过网络为媒介进行产品宣传和村庄介绍。在社会实践结束时，我们将村庄情况和社会实践经历刊登至新华社、冀网育、清苑融媒等多个媒体平台，有力推动了刘王力村主营农产品的宣传。此外，结合调研情况，我们对农业合作社的创新型经营模式提出了建议，鼓励他们通过抖音、快手等自媒体平台，以网购、直播带货等形式将优质产品销售到全国各地，帮村民赚取更多收益，提升生活质量，推动村庄经济发展。

寓教于乐，助力文化育人

文化振兴是乡村振兴的灵魂，也是乡村建设的难点。只有加强乡村文化的振兴，才能帮助农民树立发展信心、振奋精神、激发热情，为乡村振兴注入强大的精神动力。为增强村民文化生活水平，提高生活幸福度，我们因地制宜策划组织了夏凉晚会，在晚会中组织村民载歌载舞，向他们讲述社会发展及村庄前景，展现中华优秀传统文化和地方特色文化。

图 3　王馨浡主持夏凉晚会

晚会现场共有近 300 人参加，是刘王力村近年来规模最大的一次集体活动。晚会上，有村民自发的广场舞团队，有集体排练的小朋友组合，还有璞光公益队全体同学的身影。看到村民们欢聚一堂，享受着夏夜的凉爽和欢乐的氛围，我感到无比欣慰和满足。孩子们在舞台上尽情表演，大人们则在一旁观看、聊天，享受着难得的闲暇时光。这种和谐、欢乐的场景让我深刻感受到了乡村生活的魅力和村民们的淳朴与热情。晚会结束后，我们得到了刘小红社长及村民们的充分肯定，同时我们也建议村集体多举办此类活动，丰富村民的精神文化生活。

随着农村物质生活条件的改善，人们对精神文化的需求不断提升。因此，在推进乡村振兴的过程中，必须提升乡村公共文化服务水平，丰富农村群众精神文化生活，增强村民对中华优秀传统文化的认识和理解，增强村组织凝聚力，更好地促进各项政策的落实，推动村庄经济稳步发展。

青春不畏路途艰险，志愿只为祖国富强。回顾此次社会实践经历，我受益匪浅。它不仅改变了我对农业、农村、农民的刻板印象，还让我感受到村民们对美好生活和优质教育资源的迫切需求。作为华农学子，我将继承和发扬"奉献、友爱、互助、进步"的志愿精神，将爱永存心间，以"自找苦吃"的精神状态扎根基层、关注"三农"、服务"三农"，为推动农业农村发展贡献力量，让农民受益，让青春无悔。

【红色导师点评】

青春无畏风雨兼程，志愿助力乡村振兴。王馨涥同学的经历生动地描绘了青年大学生在乡村振兴中的积极参与和贡献。通过跟随华中农业大学璞光公益队在河北省保定市李庄乡刘王力村开展社会实践活动，她在支教助学、助农兴农和文化育人的过程中深化了对"三农"事业发展的理解和认识，在基层实践中获真知、长才干、做贡献，用青春的智慧和汗水助力乡村振兴，以实际行动为强国建设、民族复兴伟业贡献力量。

红色导师： 杨梓蔚（华中农业大学经济管理学院辅导员）

在跨文化交流中与世界共舞

彭笑晨

经济管理学院 2023 级工商管理专业本科生

（2024 年 12 月 7 日）

【思想汇报】

新时代中国日益走近世界舞台中央，发展成就举世瞩目。中国青年以前所未有的深度和广度认识世界、融入世界，在对外交流合作中更加理性包容、自信自强。过去的一年里，我有幸参加了一系列跨文化交流与志愿实践活动，在多元文化的背景下更好地认识自己，体悟不同的世界，与各国朋友分享我在华农的生活与中国的文化。在这个过程中，我不仅是华农故事的分享者、志愿服务的践行者，还是中国文化的讲述者、跨文化交流的推动者。

图 1　彭笑晨参加南洋理工大学访学项目

学术交流：在思想碰撞中拓宽全球视野

今年7月，我参与了本科生院组织的"商业、人文、金融、科技"跨学科研修项目，前往南洋理工大学和新加坡国立大学进行学术交流。在此过程中，我接触到了来自英国、新加坡、印度、美国等国家的教授与具有不同专业背景的同学，共同探讨商科类学科交叉的话题。从比特币与区块链技术到企业分析与估值，再到新加坡的工业政策与经济发展，每一门课程都为我打开了一扇新世界的大门。其中，一门关于"新加坡的产业政策"的课程让我印象深刻。课堂上，教授通过丰富的中新案例对比分析，阐述了不同文化背景下的商业礼仪、谈判风格以及消费习惯对市场贸易的影响。在这个过程中，我不仅学到了专业知识，还感受到了不同文化思维与学科交叉的碰撞与融合。英国教授的浪漫与创新，印度教授的严谨与幽默，以及不同专业背景同学间的头脑风暴都为我们的讨论带来了独特的视角和活力。这让我站在更高的起点上审视自己的专业学习，为提升跨学科能力奠定了坚实的基础。

实践历练：在多元交流中绽放青春光芒

经过层层选拔，今年10月，我成为武汉网球公开赛的一名医疗保障助理。赛事吸引了来自世界各地的顶尖网球选手和国际友人。在赛场上，我配合医生完成球员的日常医疗保障服务工作。在球员进行医疗检查的过程中，我发现他们因文化背景的差异和伤病而压力较大。于是，我尝试在陪伴时用英语分享一些中国故事，如古老的中医文化中关于养生和康复的智慧。令我惊喜的是，球员们对这些故事表现出了浓厚的兴趣，她们也会分享自己在世界各地比赛的经历。通过彼此间的交流，我不仅缓解了球员们的压力，还增进了对不同文化的了解。

图2　彭笑晨（左二）担任武汉网球公开赛志愿者

此外，作为志愿者，在陪同球员外出的路上，我向她们介绍了黄鹤楼、长江大桥等历史建筑，分享了热情好客的武汉人的故事。同时，我也分享了华农的美景与有趣的赛事活动。在沟通交流中，我学会了如何用心倾听不同的声音，如何以开放的心态拥抱多元文化，更好地讲述中国故事。

文化沉浸：在情感互动中启迪心灵成长

在与国外友人的交往中，我发现尽管我们有着不同的文化背景，但在诸多方面有着共同的追求和情感。

令我印象深刻的是在新加坡赞美广场，我和偶遇的几位来自美国的网球爱好者一起观看广场大屏上正在转播的巴黎奥运会网球比赛。他们分享了美国网球文化的发展历程，以及网球在美国社会中所承载的精神内涵。我也向他们讲述了中国网球运动的兴起和发展，以及中国人对体育精神的理解。虽然表达与文化有别，但我们对体育精神中追求卓越、坚韧不拔、尊重对手和团队合作的崇尚是一致的。那一刻，我深刻感受到文化差异并未阻碍我们的交流，反而因为这些差异，我们更加珍惜彼此间的共同之处，这种共鸣让我们的情谊更加深厚。

图3　彭笑晨（左二）与各国网球爱好者交流合影

回顾过去的跨文化交流经历，我收获颇丰，对未来充满了期待。这些经历如一束束璀璨的光芒，让我深刻领悟到在跨文化交流中与世界共舞的独特魅力与深远意义。作为一名华农学子，我不仅是中国故事和精神的讲述者，还是跨文化交流的推动者，有责任促进不同文化之间的相互理解与和谐共处。我相信，在全球化的大趋势下，每一次文化的碰撞与融合，都如同画笔在世界的画卷上留下绚丽的色彩。展望未来，我将怀揣着对世界的好奇与热爱，以更加积极的姿态投身于跨文化交流的浪潮中，与世界各国青年携手共进，去看更远更大的世界，不断贡献自己的青春力量，让世界因我、因我们而美丽！

【红色导师点评】

世界的中国、中国的世界，青年学子在跨文化交流中与世界共舞。彭笑晨同学通过跨学科研修和国际学术交流拓展知识视野，领略文化思维和学科交叉的碰撞与融合；积极投身青年志愿者服务，在履行国际赛事志愿工作职责的同时，秉持开放包容的心态与运动员进行跨文化交流；立志成为志愿服务的践行者、中国故事的讲述者、中国文化的传播者、国际交流的推动者，为促进世界各国青年之间的理解包容与和谐共处贡献青春力量、书写多彩华章。

红色导师：李春成（华中农业大学经济管理学院市场营销系副教授）

传习耕读精神　绘就青春亮色

刘乐纯

经济管理学院 2022 级农林经济管理专业本科生
（2024 年 12 月 11 日）

【思想汇报】

华中农业大学始终坚持以立德树人为根本，以强农兴农为己任，秉承耕读办学传统，结合现代农业发展与生态文明建设，以"读"致"知"、以"耕"促"行"，着力构建新时代耕读教育体系，培养堪当民族复兴大任的知农爱农强农兴农新型农林人才。作为一名农林类高校的学子，我自入校以来，在学校的耕读教育中如同一粒种子，不断向下扎根、向上生长。

发芽：需破土而出的勇气

初入华农校园，"耕读教育"这一理念便如同一粒种子播撒在我的心田。这一充满泥土气息的理念，承载着中华民族以农立国、以耕读传家的深厚传统，在华农被赋予了独特内涵。为深入理解耕读的意义，我积极参与学校组织的各类耕读实践活动，上好属于我的耕读"第一课"：我走进茶园，探寻茶叶背后的科学奥秘；我参观花卉基地，体悟科研工作者智慧与汗水的结晶；我探寻了华红橘一号、华柑二号等柑橘特色品种，深刻感受农业科技创新对乡村振兴的强大推动力。

图 1 刘乐纯（右一）进行访谈

在这一过程中，我逐渐认识到，耕读教育不仅仅是理论知识的学习，还是深入田野的实践。它让我明白，只有扎根土地，才能真正理解农业的重要性，这也是华农青年肩负的责任与使命。

扎根：需久久为功的毅力

2023年10月，我有幸成为学校第一批赴襄阳书院开展耕读实践的学生，来到革命老区襄阳黄龙镇丁湾村。丁湾村在驻村干部孙智芝的带领下，围绕冬桃产业，采用"公司＋合作社＋农户"的创新模式，大力推进冬桃连片种植和系列产品深加工，流转土地六百余亩，实现了特色产业规模化发展。这不仅为村民们带来了实实在在的经济收益，还让这片革命老区焕发出新的生机与活力。孙智芝放弃在武汉的工作，致力于为老百姓服务，打造新时代美丽宜居乡村。在建设过程中，丁湾村秉持生态发展理念，既不砍树又不填塘，还在"污水沟"上建设"醉美桃花坞"。如今，丁湾村村民过上了"走水泥路、喝干净水、上卫生厕所、用节能灯、跳广场舞"的宜居生活。孙智芝激情澎湃地讲述丁湾村发展规划的身影，让我看到了无数基层党员干部为人民谋幸福的坚定决心，这正是耕读精神的最生动体现。

生长：需阳光雨露的滋润

在襄阳，我亲身参与了油菜种植过程，这一经历成为我体会耕读精神的重要转折。作为一个北方人，起初我只是觉得种植油菜新奇有趣，然而当我看到曾经手中那一粒粒小小的种子长成眼前生机勃勃的油菜花时，我的内心受到了震撼。从翻土、播种到灌溉、施肥，每一个环节都离不开阳光雨露的呵护与滋养，也让我更加深刻体会到了耕读精神的内涵。我们自身在实践中学习知识、在劳动中体会生活、在服务中感悟责任，这是一种将理论与实践紧密结合，让知识与土地深情对话的方式。耕读教育的作用，正是在一棵棵"小树苗"长歪时将其扶正，耐心陪伴，助力他们打好基础、扎牢根基。只有脚踏实地、勤劳耕耘，才能长成"参天大树"，才能在实现中华民族伟大复兴的征程中贡献自己的力量。

报春：需饮水思源的奉献

从理论到实践，从课堂到田野，一堂堂生动的耕读教育课程，一项项瞩目的科技成果，背后是无数华农人心血与汗水的付出。华中农业大学始终坚持强化价值引领，传承"手脑并用，知行合一""一手拿书本，一手拿锄头""育人为本，崇尚学术"等耕读精神，将耕读教育有机融入人才培养全过程。一批批华农人赓续奋斗，在科研中发扬耕读精神，奋力绘就学科发展新图景，助力乡村振兴，把青春和热血挥洒在祖国广袤的乡村大地上。进入大二，我主动担任班级班长、学生党支部副书记等职务，积极参加微党课大赛、暑期"华中三省"大调研等活动，充分发挥党员的先锋模范作用，努力成为"支点"，带动身边更多人。我深知，作为新时代的青年，我肩负着强农兴农的历史使命，应将耕读精神内化于心外化于行，做一粒向上生长的种子，为实现农业现代化、农村繁荣富强贡献自己的全部力量！

图 2　刘乐纯参加学校微党课大赛

【红色导师点评】

"为党育人、为国育才"是高校的初心使命和立身之本。在深入学习习近平总书记给全国涉农高校的书记、校长和专家代表的回信精神后,华中农业大学以耕读教育赋能"新农人"培养。刘乐纯同学以强化"三农"情怀为核心,上理论之山,下实践之乡,响应学校号召,积极发扬耕读精神,在"发芽"与"扎根"中厚植"知农爱农"情怀,在"生长"与"报春"中锤炼"强农兴农"本领,以青春为笔,绘就乡村振兴的一抹亮色。

红色导师：刘笑天（华中农业大学经济管理学院农业经济管理系副教授）

话剧演绎牵挂之约　青年支教大爱接力

刘杨昊

经济管理学院 2021 级农林经济管理专业本科生
（2025 年 1 月 11 日）

【思想汇报】

2021 年 10 月 31 日，作为大一新生的我初次观看了校园原创话剧《牵挂》，这也成为我大学美育教育的启蒙。三年多来，"三全育人、五育融通、师生融乐、全面发展"的理念逐渐内化于心。2024 年，我第 13 次观看《牵挂》，并成为第二十一届研究生支教团的一员。半年之后，我将满怀热忱与希望，前往那片向往的土地，"让青春在党和人民最需要的地方绽放绚丽之花"。

图 1　刘杨昊（中）参加合唱比赛

第一部分 红色导师·思想汇报

　　大学时光中,学校的"两季三节"文化活动如同一幅绚丽画卷,绘满了青春的色彩。在迎新季的文艺表演中,我从观看者、表演者逐渐成长为组织者、策划者,通过歌声、舞蹈、乐器、话剧等多种形式,奏响了大学生活的美妙序曲。在这一过程中,我深刻感受到学校对新生的热烈欢迎与殷切期望。狮山读书节宛如一座知识灯塔,引领我在书海中遨游,与古今中外的智者对话,汲取智慧的养分,在喧嚣尘世中觅得心灵的宁静港湾。狮山艺术节则是一场震撼心灵的视觉与精神盛宴,我连续三年参加"五月的花海"合唱比赛,在欣赏美、习得美、享受美的过程中,领悟到艺术背后深厚的人文精神。狮山欢乐节营造了轻松愉悦的氛围,让我们在欢笑中释放压力、增进友谊,体会多彩创意和团结协作带来的共同进步之乐。

　　这些文化艺术活动如丝丝春雨,滋润着我的心田,在丰富课余生活的同时,更于潜移默化中实现了文化的熏陶与洗礼。"无体育不狮山、无才艺不华农、无劳动不幸福"的理念在此生根发芽,让我看到学校对学生全面发展的重视,不仅关注学业成绩,还着眼于综合素质与人格塑造。置身其中,我不禁思考如何更好地融入这些活动,提升文化与艺术修养,为成长筑牢根基。

图2　刘杨昊与《牵挂》剧社成员

　　大一加入牵挂剧社后,多次参与排演的校园原创话剧《牵挂》成为我梦想的催化剂。剧中支教老师无私奉献的精神深深触动了我,让我对支教产生了浓厚兴趣，渴望探寻背后的故事。在剧社里，与支教前辈们的交流让我对支教有了更深刻的认知。他们分享的支教经历，无论是与孩子们的深厚情谊，还是克服困难坚守教学的艰辛，抑或是见证孩子们成长的喜悦，都点燃了我对支教的信念。

图3 刘杨昊（中）与支教学生

2024年暑假，我有幸来到秭归县平睦河小学进行为期一个月的短期支教。在那里，山区孩子们对知识的渴望眼神如熠熠星光，照亮了我支教前行的道路。支教尾声，孩子那句"老师，你还会回来吗？"让我备受感动与震撼。我想起了《牵挂》话剧中孩子们问张福禹的同一话："张老师，您还会回来吗？"我瞬间领悟到艺术照进现实的内涵与魅力，进一步坚定了支教的决心。

为什么选择去支教？我也曾问过往届学长学姐。"随着国家政策的不断支持，支教地学校的硬件已经改善许多，但这里更缺的是稳定的师资队伍和创新的教育理念。脱贫过后更重要的是'扶志'，这也是我们接续支教服务的初衷。"这是我得到的回答。每届支教老师接力教学一年，但牵挂不止一年。以教育之光，照亮乡村振兴之路，这是一项深远而意义重大的事业。它不仅关乎偏远山区教育质量的提升，还关乎乡村振兴战略的全面实施和国家的长远发展。为乡村振兴战略的全面实施贡献教育力量，这一次，我们共同书写乡村教育振兴的新篇章。

展望未来，我将坚定地踏上支教征程。支教不仅是传递专业知识，还要关注学生的全面发展，培养其综合素质。除文化课程外，我将组织丰富的课外活动，让学生在活动中展现才华，培育团队合作与创新能力。我也将以支教为契机，传播艺术理念，培养孩子们的审美情趣与艺术修养，让美育之花在山区绽放。

支教之路虽充满艰辛，但我坚信，只要心怀热忱，必能为山区教育事业贡献力量，以教育之光助力乡村振兴。我期待在支教岁月中，与孩子们携手成长，共同谱写精彩篇章！

【红色导师点评】

立德树人是教育的根本任务。刘杨昊同学从大一观看《牵挂》的美育启蒙，到内化"三全育人、五育融通"理念，不仅在理论学习上有所进步，还在实践中不断净化自我、锤炼自我、提升自我。通过支教，她深刻认识到教育对乡村振兴和国家发展的重要性，以实际行动诠释了新时代青年的责任担当，展现了个人理想融入国家发展的崇高情怀。一代代华中农业大学研究生支教团同学们的努力奉献，将汇聚成推动国家进步与民族复兴的强大力量。

红色导师：王玉泽（华中农业大学经济管理学院农业经济管理系副教授）

将理论融于田野　让实践检验梦想

万浩然

经济管理学院 2024 级博士研究生

（2025 年 1 月 11 日）

【思想汇报】

"以立德树人为根本，以强农兴农为己任。"这不仅是对教育工作的深刻指引，还是对新时代青年学子的深情厚望。作为理论与现实间的桥梁和纽带，社会实践既是青年成长的助推器，又是责任感培育的孵化器，更是人生规划的指南针。让我们在理论与现实的碰撞中、在个体与社会的交融里，从迷茫走向坚定、从稚嫩迈向成熟，用实际行动诠释青春的意义，为建设农业强国梦贡献自身力量。

在社会实践中感悟成长：从理论到实践的跨越

社会实践是青年成长的加速器。理论是实践的先导，它为青年提供了认识世界、改造世界的钥匙。然而，只有在社会实践中，我们才能将课堂所学转化为解决实际问题的能力，实现从理论到实践的跨越。"纸上得来终觉浅，绝知此事要躬行"，真正的成长往往源自将理论知识付诸实践的那一刻。它让我们成为社会的观察者、思考者，开始学会用理性的眼光审视问题，用科学的方法解决问题，逐步构建起属于自己的世界观、人生观和价值观。

图 1　万浩然（左二）在社会实践

自入学以来，我的红色导师杨志海老师一直强调，作为"三农"学子，我们要用脚步丈量祖国大地，用眼睛发现中国精神，用耳朵倾听人民呼声，用内心感应时代脉搏。我也始终践行这一理念，不断聚焦于前沿需求，倾听一线呼声。作为队长及成员共参与创新创业项目 8 项。其中，"菓然无恙"项目致力于运用绿色环保的保鲜技术为果蔬保驾护航，打造家庭可食用液体保鲜膜；《饮水思源》项目响应国家碧水保卫战，解决了从小型鱼缸到湖泊河道的水质相关问题；"大橘为重"项目通过"教农户种，帮农户养，代农户销"的模式，累计带动 13 个村，辐射面积超 5000 亩。这些宝贵的实践经历让我更加深切地感受到，只有将个人的梦想融入国家和民族的复兴大业中去，将青春之花绽放在祖国广袤的大地上，才能实现真正意义上的成功与幸福。

在社会实践中感悟责任：从个体到社会的担当

社会实践是责任感的孵化器。它让我们从个体的小我中走出，逐渐认识到自己作为社会一员所肩负的责任与使命。通过参与各种社会公益事业，我们将自身的专业所学和过硬本领转化为服务人民、服务基层的实践行动，用实际行动诠释"天下兴亡，匹夫有责"的担当精神。

图2 万浩然（前排左二）在乡村调研

在参与乡村振兴的社会实践活动中，我与团队成员深入襄阳、宜昌、广水等地的农村，开展了一系列调研活动。通过走进田间地头，与农民朋友面对面交流，倾听他们的心声与诉求。我们不仅发现了农村发展的瓶颈与困境，还看到了农民们对美好生活的向往与追求。这些经历让我深刻认识到，乡村振兴不仅仅是一个经济问题，还是一个社会问题、文化问题。作为青年学子，我们有能力更有责任为乡村振兴贡献自己的力量。我们利用所学专业知识，为当地农业发展提出了切实可行的建议；利用新媒体平台，为农产品打开销路，助力农民增收。这些努力虽然微不足道，但让我感受到了作为社会一员的责任感与使命感。个人的力量虽小，但只要我们心怀责任、勇于担当，就能汇聚成推动社会进步的磅礴力量。

第一部分　红色导师·思想汇报

在社会实践中感悟人生规划：从迷茫到坚定的追寻

社会实践是人生规划的指南针。它让青年们在实践中检验自己的梦想是否切实可行，是否符合社会发展的需要。同时，也为青年提供了广阔的舞台与无限的可能，让我们有机会去尝试、去探索、去创造属于自己的未来。

曾经的我，对于未来充满了不确定与迷茫。我不知道自己应该选择什么样的道路，也不知道自己的价值究竟在哪里。然而，在参与社会实践的过程中，我逐渐发现了自己的兴趣与特长所在。我聚焦于意识形态，探寻青年思想航向。在参与项目《"社会水泥"何以黏合：新媒体视域下高校学生意识形态现状与行为响应》过程中，通过问卷调查、深度访谈、数据分析等多种方式，我们试图揭开新媒体环境下高校学生意识形态的神秘面纱。这不仅仅是一个学术研究的课题，还是一次深入社会、了解现实的实践探索。我关注社会问题，愿意为弱势群体发声。在贵州普沱镇为期半个月的支教过程中，我走进了大山深处，与那里的孩子们共同学习、生活。在那里，我不仅是知识的传播者，还是情感的交流者。我看到了孩子们对知识的渴望，感受到了他们对外面世界的向往。这段经历也让我深刻认识到，教育不仅仅是传授知识，还是点燃希望、激发潜能的过程。

总之，社会实践是青春成长的熔炉，它让我们从理论的象牙塔走向实践的广阔天地，从个体的迷茫中寻找到服务社会的坚定方向。通过每一次深入乡村、贴近民生的实践经历，我更加坚定了投身"三农"事业的决心与信念。愿我们这一代青年，能在新时代新征程中，以青春之名，践行强农兴农的使命，将个人梦想融入国家发展大局，用实际行动书写乡村振兴的壮丽篇章！

【红色导师点评】

华中农业大学青年学子始终牢记习近平总书记"与祖国同行，为人民奉献"的殷切嘱托，秉承"勤读力耕，立己达人"的校训精神，心怀"国

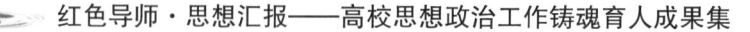

之大者",矢志强农兴农。万浩然同学积极参与创新创业与乡村振兴实践，将理论融于田野，实现了知行合一的跨越。从迷茫至坚定，由探索至创造，社会实践为其搭建了成长之舞台。其勇于探索、敢于实践之精神，殊为珍贵。同时，他深入农村，倾听民声，为乡村振兴添砖加瓦，展现了新时代青年的责任与担当。

红色导师：杨志海（华中农业大学经济管理学院农业经济管理系副教授、教工党支部书记）

探索乡村振兴中的数字经济

潘羿

经济管理学院2023级会计学专业硕士研究生

（2025年2月15日）

【思想汇报】

当前，数字经济正以前所未有的速度席卷全球，成为推动经济增长的新引擎。在我国，数字经济不仅是实现高质量发展的重要抓手，还是乡村振兴战略的关键支撑。我，一个成长在长江之南、浙水之畔的浙江青年，亲眼见证了数字经济在这片古老而又充满活力的土地上，为乡村振兴带来的新生机与新变化。

我的家乡，浙江，自古以来就以"鱼米之乡、丝绸之府"著称。然而，在我成长的记忆中，随着时代的变迁，传统的农业发展模式在21世纪逐渐显露出疲态。上小学时，行走在乡间的小路上，田野里的稻香虽依旧四溢，但村头巷尾的人声鼎沸中夹杂着一丝忧虑。幸运的是，近些年来，在党的正确领导和数字经济的春风拂过这片古老的土地，为乡村振兴带来了前所未有的机遇。

浙江是"两山"理论的发源地，是全国共同富裕建设示范区，也是乡村振兴示范区，浙江乡村数字经济的崛起令人瞩目。家乡的各级政府以党的二十大精神为指引，以数字技术为引擎，以产业振兴为抓手，不断探索出数字经济赋能乡村振兴的新路径、新模式。寒假期间，我主动投身到这场变革之中，深入农村，亲身体验现代农业，探寻数字技术如何改变农业生产、农产品销售以及乡村生活的方方面面。

在农业生产环节，智慧农业、物联网、大数据等先进技术的推广，让农业生产变得更加精准、高效。新春之际，我回到老家，村里的四季花园引进了一套智能灌溉系统。这套系统通过大数据分析土壤湿度和作物需求，实现了水资源的合理利用。看着农田里稻浪翻滚，我仿佛看到了科技的力量在这片古老的土地上生根发芽。在与农户交谈中得知，正是政府的精准施策，才让各家各户享受到智慧农业的便捷和数字经济的红利。

在农产品销售方面，农村电商的蓬勃发展为村民们打开了新的收入增长渠道。通过与熟悉的村坊邻居交流，我了解到，许多村民通过局域互联，将自己的劳动成果一键挂单，快捷地销售给转售商，或利用电商平台将自家的特色产品销往全国各地。每当看到屏幕上订单量不断增加，我发自内心地为他们感到高兴。同时，我还尝试通过直播带货的方式，让更多人了解我们家乡的特产。乡亲们在党的领导下走向更幸福的未来，这正是"全心全意为人民服务"宗旨的最好体现。作为新时代的青年，我们应积极响应党的号召，将个人梦想融入国家发展大局之中，为实现中华民族伟大复兴的中国梦贡献自己的力量。

然而，数字经济的发展之路并非一帆风顺。在走访过程中，我也发现数字经济赋能乡村振兴面临诸多挑战：数字基础设施薄弱、农业数字化转型步伐较慢、农村数字人才匮乏等问题一直存在，数字经济赋能乡村振兴仍然是一项长期而艰巨的任务。带着上述问题，我查阅大量文献，与师兄师姐进行头脑风暴，并及时向导师吴伟荣请教，渴望寻求解决方案。在系统分析后，我撰写调研报告，提出了继续夯实数字基础设施、加大农业数字化转型力度、加快农村电商人才培养和引进、加强数字技能培训等建议，并被家乡有关部门采纳。

通过假期的实地走访调查，我深刻感受到了数字经济对乡村振兴的巨大推动作用。同时，我也深知自己肩负的责任和使命。在未来的日子里，我将继续努力学习新知识、掌握新技能，研究新热点、解决新问题，不断提升自己的综合素质和能力水平，不忘强农兴农重任，积极响应党的号召，以更饱满的热情投身到乡村振兴的伟大事业中去。

【红色导师点评】

时代浪潮下，数字经济在推动乡村振兴中的重大意义毋庸置疑，青年一代的积极实践与深切感悟体现了新时代下的"三农"情怀。在深入领会时代精神与政策导向后，潘羿同学以浙江农村为缩影，生动展现了数字经济如何为乡村振兴插上翅膀。以亲身经历为核心，上科技之巅，下田野之壤，积极响应国家号召，深入践行数字经济理念，在"探索"与"实践"中厚植"科技兴农"情怀，在"创新"与"服务"中锤炼"数字助农"本领，以青春为墨，书写乡村振兴的绚丽篇章。

红色导师： 吴伟荣（华中农业大学经济管理学院会计系副教授、教工党支部书记）

在学思践悟中助力乡村振兴

汤 东

经济管理学院 2024 级市场营销专业硕士研究生

（2025 年 2 月 15 日）

【思想汇报】

习近平总书记给我校本禹志愿服务队回信中提道："希望你们弘扬奉献、友爱、互助、进步的志愿精神，坚持与祖国同行、为人民奉献，以青春梦想、用实际行动为实现中国梦作出新的更大贡献。"[1]"祖国"和"人民"是重要的主题词，寄托着习近平总书记对青年大学生的殷切期待，也承载着民族复兴伟业的希望。在乡村振兴的广阔舞台上，青年学子应以扎实的学识为基础，以积极的思考为引领，以大胆的实践为突破，勇立时代潮头，展现青春担当，为乡村振兴汇聚磅礴青春力量。

---

[1] 新华网. 习近平给华中农业大学"本禹志愿服务队"回信［ED/OL］. （2013-12-05）［2024-10-20］. https://www.gov.cn/ldhd/2013-12/05/content_2542812.htm.

学习原著经典，坚定理想信念

研究生入学以来，我不仅阅读了《资本论》《国富论》等学科奠基论著，还深入学习了《毛泽东选集》《习近平谈治国理政》等经典书籍，从中汲取了强大的信仰力量。读完《湖南农民运动考察报告》，我才理解毛主席当年何以找到工农武装割据的中国革命新道路；读完《反对本本主义》，我才领会"没有调查没有发言权"的哲学逻辑，也才明白实事求是、群众路线等重要思想从何而来；而读完《为人民服务》，我更是感受到了共产党人一心为民、一心为公的崇高品格。读完习近平《论教育》，我深刻认识到中国特色社会主义高校绝不能培养社会主义破坏者和掘墓人，绝不能培养出一些"长着中国脸，不是中国心，没有中国情，缺少中国味"的人！正如习近平总书记所言："读书可以让人保持思想活力，让人得到智慧启发，让人滋养浩然之气。"我深知，大学生党员只有坚持读原著、学原文，才能不断修身养志，牢固为党和人民服务、为共产主义奋斗的忠贞信念。

思考现实问题，探究发展良方

2024年11月初，习近平总书记来到湖北省嘉鱼县，考察了当地蔬菜产业发展情况。素有"北有寿光，南有嘉鱼"之美誉的嘉鱼县，在蔬菜产业发展方面，与山东寿光并肩齐名。11月底，我的导师肖小勇老师带我前往嘉鱼参观调研，探寻嘉鱼蔬菜产业30多年来蓬勃发展的秘诀。嘉鱼蔬菜产业发展的成功经验能否推广至其他地区，是需要我们深入探究和深思的课题。此外，肖老师还带我前往云南，走访了大理、临沧等地10多家农业企业，并开展问卷调研。我们了解了这些企业在品牌营销方面的困难，为他们打造农产品品牌提供咨询和指导。为此，我们总结出农业企业打造农产品品牌的"三字诀"，即"产好品、定好位、取好名、喊口号、讲故事、强宣传"。通过实地走访和面对面的沟通，我们试图为当地农业企业打造品牌提供思路，帮助他们当好领头雁，带动更多农民增收致富。

图1　汤东（左一）在云南调研

投身支教实践，助力乡村教育

乡村振兴必先振兴乡村教育，乡村教育高质量发展能提高乡村人口综合素质，将乡村"人口红利"转化为"人才红利"，助力乡村振兴。作为本禹志愿服务队第十九届研究生支教团的一员，我在贵州毕节经历了为期一年的支教生涯。在这个过程中，我全身心投入教学工作，精心备好、上好每一节课，用心关爱每一个孩子。我希望用我一点一滴的努力，引领更多的"山里娃"开阔眼界、掌握本领、端正品行、树立志向，实现走出大山并反哺大山的目标。在我们临别时，从孩子们写给我的小纸条中，我看到了他们不畏艰险继续求学的决心和信心。未来，我也会通过更多方式和渠道帮助学生们。

图 2　汤东在支教授课

学思践悟连线，悟是个中关键

　　进入大学以来，一路的学习实践让我感悟颇深：在湖北嘉鱼的十里蔬菜长廊，我深刻领悟到研发国产蔬菜种子这一农业"芯片"，对于保障我国粮食安全、解决农业领域"卡脖子"问题的重要意义；在甘肃榆中和武山的蔬菜大棚里，我领悟到自然条件恶劣地区发展特色产业需要运用现代农业科技和依赖当地资源禀赋；在云南临沧的崇山峻岭间，我体会到构建品牌对于推动当地优质农产品走出大山、走向广阔市场的重要性；而在贵州毕节的山村小学里，我更是见识到孩子们对知识的渴望和教育助力乡村振兴的无限可能。我深刻认识到，无论是发展现代农业科技，还是打造农产品品牌，都离不开优秀人才的潜心投入，这也更加坚定了我投身"三农"事业的决心与信念。我矢志今后要到基层和人民中去建功立业，让青春之花绽放在祖国最需要的地方。

图3　汤东（右一）在甘肃与农户访谈

【红色导师点评】

　　学思践悟是科学认识论和方法论的总结与概括，是我们认识世界、改造世界应遵循的规律，是准确领会中央精神、推进工作的重要思想方法和工作方法。汤东同学学原著、读经典，夯实学理基础，理论联系实际，思考现实问题，由表及里、由浅入深地领悟，并积极投身于社会实践，促进乡村振兴。相信青春之花定会在祖国最需要的地方绽放。

　　红色导师：肖小勇（华中农业大学经济管理学院市场营销系副教授、教工党支部书记）

凝聚乡村振兴的民族团结力量

才日玛

经济管理学院 2022 级人力资源管理专业学生

（2025 年 2 月 17 日）

【思想汇报】

"青年兴则国家兴，青年强则国家强。"新时代青年不仅是社会变革的见证者，还是推动者与参与者。这要求我们不仅要扎实掌握专业知识，还须具备扎根实践的能力。作为来自农业高校的少数民族学生，我在大学期间不断铭初心、练本领、强信念，努力为民族团结和乡村振兴贡献青春力量。

不忘初心启新程

"民族团结是各族人民的生命线。"[1] 作为一名来自新疆的蒙古族女孩，我的成长历程中始终充满了丰富的文化色彩和深厚的家国情怀。从小在多民族交织的环境中生活，我深刻感受到不同民族间的和谐与团结。虽

---

[1] 彭清华. 民族团结是各族人民的生命线［N］. 人民日报，2014-09-29（06）.

然我家乡的生活方式与内地有所不同，但这段跨越地域与文化的经历让我更加明白，民族团结是社会发展的力量源泉，理想与责任是每个青年追求的目标。

图 1　才日玛（左一）参加民族文化展示活动

"初中时的刘老师、'广州妈妈'李老师等给予我关怀与鼓励的人是我求学路上的重要依靠，感谢每一位支持和包容我的老师与同学。"去年六月，我在学校"铸牢中华民族共同体意识"主题演讲比赛中分享了民族团结带给我的感动与信念，并通过实际行动将"在交往中增进理解、交流中互补优缺、交融中强化认同"的民族团结精神带给了更多人。

实践逐光促成长

"乡村振兴的现状如何？""作为新时代的青年，我们能为乡村振兴做些什么？"

大学期间的学习让我开始思考，如何结合专业知识，推动民族地区的就业与经济发展，为家乡的乡村振兴和共同富裕提供智慧。去年暑期，在施丹老师的带领下，我与同学们前往湖北省随州市长岗镇进行调研。团队围绕"头雁"博裕生态养殖公司"黑猪"变"金猪"的养殖模式，与博裕董事长黄文博共话乡村振兴，积极探索乡村振兴、电商运营和互联网大数据的有机结合。

在"老雁"带"雏雁"的过程中体验网络销售"快车道",开启"直播间"推广特色农产品,展现黑小猪和香稻的文化、绿色双重 IP 优势。

图 2　才日玛(左二)参加社会实践

"作为新时代的青年,我们能为乡村振兴做些什么?"这是我在调研中向村里的新农人李大哥提出的问题。"我们能做的不仅是传承,还是在实践中创造新的机遇,推动乡村产业的蓬勃发展。"在交谈中,他的亲身经历让我更加坚信,科技创新和电商模式能够为乡村带来巨大的变革,而青年力量是其中最重要的动力。我也将把电商兴农当作大学期间的研究课题与奋斗目标。

担当作为铸信仰

进入大学以来,我一直担任班级班长或团支书,积极参加暑期乡村支教、广泛组织校园文化活动,不断用实际行动为同学们服务,努力回馈那些曾经帮助过我的人们。2024 年 11 月,我光荣地成为一名中共预备党员。在学院组织新发展党员前往中共五大旧址进行集中宣誓时,初次来到这里的我深刻感受到了党带领全国各族人民在革命年代经历的艰难斗争与探索,更认识到了当下实现中华民族伟大复兴的必要性与紧迫性。我有幸作为代表发言,在党旗下许下了"坚定信念、勤奋学习、刻苦钻研、敢于创新、勇担使命，真正发挥先锋模范作用"的承诺。

图3　才日玛参加职业规划大赛

"一代人有一代人的使命，一代人有一代人的担当。"每一分微小的努力，都将在时代的浪潮中汇聚成推动社会进步的磅礴力量。得益于党和国家的民族政策，我的家乡不断发展，我也得到了许多宝贵的成长机会。而我，也一定会学好专业本领，提升综合素质，弘扬团结精神，为家乡的乡村振兴事业和中华民族伟大复兴的中国梦不懈奋斗！

【红色导师点评】

习近平总书记指出："当代中国青年是与新时代同向同行、共同前进的一代，生逢盛世，肩负重任。"[1]才日玛同学结合自身成长经历，将民族团结与乡村振兴紧密结合，体现了对"铸牢中华民族共同体意识"的深刻理解。通过演讲比赛，她生动诠释了民族团结对社会发展的推动作用。暑期调研深入乡村一线，聚焦于电商兴农与产业创新，体现了理论联系实际的能力。对"黑猪变金猪"模式的探索以及直播助农的尝试，展现了青年在乡村振兴中的创造力。作为班干部、支教志愿者和校园文化活动组织

---

[1] 中共教育党组.中共教育部党组关于教育系统深入学习贯彻习近平总书记在清华大学考察时重要讲话精神的通知[J].中华人民共和国教育部公报，2021（C2）：2-5.

者，她以实际行动服务同学、回馈社会，体现了党员的先锋模范作用。从"青年兴则国家兴"到乡村振兴的实践探索，才日玛展现了将个人理想融入国家发展的自觉性，彰显新时代少数民族大学生党员的责任感与行动力。

红色导师：施丹（华中农业大学经济管理学院企业管理系副教授、教工党支部书记）

从中华体育精神中汲取拼搏成长的力量

李忠阳

经济管理学院 2020 级国际经济与贸易专业本科生
（2025 年 2 月 26 日）

【思想汇报】

近年来，中国成功举办了北京冬奥会、成都大运会、杭州亚运会以及刚刚闭幕的哈尔滨亚冬会，将奥林匹克精神与中华优秀传统文化相结合，大力发展体育事业，朝着建设体育强国、健康中国的目标迈进，发扬生生不息的中华体育精神。作为一名热爱体育的青年大学生，我从小刻苦训练、勇于挑战，在中华体育精神的激励下拼搏奋进，深刻感受到体育运动带给我的快乐与成长。

在训练中感悟中华体育精神

身为羽毛球一级运动员，我深知运动生涯中的汗水与艰辛。自 7 岁初执球拍起，至今已历经十五载春秋的训练征途。每一天，我都沉浸在高强度的体能锻炼、竞技技术的雕琢以及复杂战术的演练之中。在这漫长而又充满挑战的过程中，"更快、更高、更强"的体育精神犹如不灭的灯塔，

第一部分　红色导师·思想汇报

引领我不断超越自我极限。每一次精准的挥拍、每一次腾空跃起的瞬间，我都竭力追求技术的突破与体能的极限，力求在赛场上展现出最佳状态。

图 1　李忠阳组织教师练习羽毛球

与此同时，中华体育精神中蕴含的"无私奉献、团结协作"理念，早已深深植根于心。在训练场上，我时刻铭记，个人的荣耀虽重要，但为团队贡献、为集体争光更为可贵。因此，我不仅致力于个人技艺的精进，还在团队中发挥着积极作用。步入大学校园后，我主动承担起学校及学院羽毛球队日常训练的组织工作，以满腔热忱投入每一次训练。我耐心细致地帮助队友纠正技术动作，慷慨分享个人的训练心得与羽毛球知识，旨在激发更多师生对羽毛球运动的热爱，共同享受运动带来的快乐与成就感。在我的带动下，学院越来越多的师生加入羽毛球运动的行列，共同书写着属于我们的运动篇章。

在比赛中践行中华体育精神

比赛是检验训练成果的舞台，也是展示中华体育精神的重要平台。"台上一分钟，台下十年功。"在过去的十五年里，我参加了许多大大小小的羽毛球比赛。每一次比赛，我都深知身上承载着学院、学校和家乡的重托，深感责任之重大。我会努力将这些转化为动力，无论对手强弱，我都全力以赴，用"亮剑"精神证明自己。在比赛中，我深刻体会到了中华体育精神中"顽强拼搏"的意义。

图 2　李忠阳（后排右三）和球队代表学校参加省级比赛

记得有一次循环赛，每场比赛都具有高强度。进入半决赛时，我的脚已然发软。在一次全力蹬跳起来杀球时，我的整条右腿突然抽筋，重重地摔在了地上。当时，我几乎无法站立，但想到自己肩负的使命，想到胸前的校徽，我咬紧牙关，坚持完成了比赛。赛后，队友、对手和观众都用掌声或拥抱鼓励着我。虽然最终没有获得冠军，但"顽强拼搏"的斗志不仅让我在赛场上赢得了尊重，还让我在人生道路上学会了坚韧不拔。

在观赛中汲取中华体育精神

除了积极参与比赛外，我还热衷于在屏幕上观赏来自全球的高水准羽毛球赛事对决。每一次学习观摩，都仿佛是对心灵的一次深刻净化与升华。回想起 2012 年伦敦奥运会那场激动人心的羽毛球男子单打决赛，林丹在首局失利的逆境中迅速调整自我，顽强地将比分扳平。进入决定性的第三局，即便在 15:19、落后四分的不利局面下，他依然保持着惊人的冷静与坚韧，巧妙布局战术，顶住了前所未有的压力，最终以 21:19 惊天逆转，赢得比赛。胜利后，林丹身披国旗，满怀激情地绕场奔跑三周，并向四面八方的观众致以庄严的敬礼。

第一部分 红色导师·思想汇报

图3 李忠阳（右二）与队友们获奖后合影

这一幕深深触动了年幼的我，让我深切体会到了中华体育精神中"为国争光"的真谛——它不仅是我们的民族气质，还是民族精神的璀璨展现。受此鼓舞，我怀揣着梦想，渴望通过坚持不懈的努力，有朝一日能代表国家出征，站在更加辉煌、广阔的领奖台上，为国争光。

"勤勉刻苦、无私奉献、团结协作、顽强拼搏、为国争光"，这是我心中的中华体育精神的意义和魅力所在。我也会坚持以体育强国为己任，不断弘扬体育精神，继续在羽球场中燃烧青春。

【红色导师点评】

少年强则国强。强健的体魄和健康的心理对个人、家庭、社会和国家都至关重要。"勤勉刻苦、无私奉献、团结协作、顽强拼搏、为国争光"的体育精神在李忠阳同志身上得到了很好体现。他不仅自己刻苦训练，还带动周边的同学和老师积极参加羽毛球运动，非常值得称赞！希望有更多的年轻人以他为榜样，爱上运动、走向阳光、锻炼体质、全面发展，彰显新时代中国青年的拼劲与活力。

红色导师：凌远云（华中农业大学经济管理学院农业经济管理系副教授）

厚植家国情怀　锤炼青春担当

王佳琪

经济管理学院 2022 级农林经济管理专业本科生
（2025 年 3 月 7 日）

【思想汇报】

青春如秧，唯有深植沃土方能茁壮成长；使命如炬，唯有赓续传承方能熠熠生辉。作为华农学子，我始终铭记"勤读力耕，立己达人"之校训，将实践视为锤炼品格、服务社会的重要途径，把个人成长融入时代使命，在实践中躬身力行。从加入国旗护卫队接受严苛训练，到深入三峡移民村踏上乡村振兴的广阔田野，再到投身于志愿服务传递温暖，每一次实践皆成为我成长道路上的精神滋养。唯有不忘初心，勇担时代责任，方能在青春的耕耘中绽放光彩，在祖国的召唤中谱写华章！

躬身实践，探寻乡村振兴时代答卷

乡村振兴是国家战略，也是青年学子厚植"知农爱农"情怀的实践课堂。2023 年暑期，我带领华中农业大学经济管理学院实践团赴湖北宜昌许家冲村，调研乡村产业发展、基层治理与生态建设。这座"坝头库首第一村"，曾是三峡工程移民搬迁的重点区域。三十载风雨兼程，如今的许家冲村已蝶变为全国乡村旅游重点村。在这里，我既是观察者，又是参与者，用双手触摸乡村振兴的脉搏。

图 1　王佳琪（右四）在参加社会实践

初到许家冲，村党委书记谢蓉与实践团举行了实践基地挂牌仪式。望着"华中农业大学社会实践基地"的牌匾，我深感责任重大。在走访中，我们在一针一线间感受手工刺绣传统技艺的精湛；在双狮岭茶叶合作社，我们与茶农共同采摘新芽，体会"绿叶变金叶"的艰辛与智慧；在萧氏茶业基地，现代化的生产线让我惊叹数字化转型为农业注入的活力；在村委会座谈中，我们了解到乡村数字农业平台如何精准匹配市场需求，如何借助合作社运营提升农民收益。一位返乡创业的"三峡茶姑娘"以生动实践诠释了乡村振兴的时代命题：她毅然放弃城市工作的优渥待遇，回到家乡投身特色农产品品牌建设。她带领我们走进直播间，讲述如何通过短视频推广本地茶叶，如何借助社交电商拓展销售渠道。

与此同时，许家冲村的生态保护也让我印象深刻。从垃圾分类体系到清洁能源的广泛应用，从河道治理到生态农业的推行，绿水青山正成为可持续发展的靓丽底色。我们在调研后撰写了乡村电商发展的优化建议，希望为乡村经济注入新思路。实践虽已结束，但思考仍在延续——乡村振兴不仅是政策与资金的扶持，还是无数劳动者脚踏实地的耕耘。振兴乡村不仅是国家的召唤，更是青年的责任。唯有扎根泥土、贴近群众，才能真正读懂"把论文写在祖国大地上"的深意。

铿锵步伐，锤炼钢铁意志护卫信仰

如果说乡村实践让我看到了时代发展的脉动，那么国旗护卫队的经历则让我在严格训练中锤炼意志，在无声坚守中涵养家国情怀。

2022年秋，我通过层层选拔加入华中农业大学国旗护卫队。从一名普通队员到护旗手，再到教练，两年的历练让我从稚嫩到成熟，从脆弱到坚强，从畏难到担当。

记得第一次穿上军装时，我在寝室反复练习系绶带、别领花，花了整整一个半小时才穿戴整齐。冬日寒风刺骨，凌晨五点的升旗任务更是考验，但每当国旗随着《义勇军进行曲》冉冉升起，我胸中的自豪感便驱散了所有困倦。队长曾说："国旗班的每一步正步，都是对国家的承诺。"为了这份承诺，我们在烈日下站军姿、在暴雨中练端腿，小腿肿胀、脚底起泡成了"家常便饭"。

在一次次军姿训练中，我学会了挺直脊梁，以刚毅姿态面对挑战；在一次次团队协作中，我领悟到集体荣誉高于个人得失；在一次次迎风飘扬的红旗下，我愈发坚定肩负使命的信念。如今，我已成长为国旗护卫队的"接棒人"，将"认真、坚持、热爱、传承"的八字箴言传递给新队员。护旗的日子虽已成为过往，但那份敬畏、忠诚与担当，早已沉淀于我的内心深处，成为引领我前行的精神灯塔。

以劳育德，在志愿服务中践行初心

劳动不仅是身体的力行，还是精神的塑造。在大学期间，我始终将志愿服务作为开展劳动教育、践行初心使命的重要方式。从下乡宣讲到校园公益活动，从疫情防控到社区服务，每一次躬身力行都让我感受到劳动的伟大与奉献的价值。

在许家冲村的幸福食堂，我们为村中老人提供助餐服务；在"狮山欢乐节"中，我参与食品采样，守护舌尖上的安全；在新冠疫情防控期间，我主动加入物资分发队伍，搬运消毒用品、值守检测点……这些经历让我深刻体会，真正的劳动教育，是让付出成为习惯，让奉献融入生命。

实践是最好的课堂，奋斗是青春最亮丽的底色。回望大学生活，社会实践开阔了我的视野，护旗经历磨砺了我的意志，志愿服务培养了我的责任担当。未来，我将继续秉承"勤读力耕，立己达人"的校训精神，持续深入基层实践，不断精进学识，努力成长为一名知农爱农、心怀家国的新时代青年。青春因奋斗而绽放光彩，唯有将个人理想融入国家发展，才能无愧于伟大的时代，不负韶华，不负祖国的殷切期望！

【红色导师点评】

习近平总书记寄语青年"要坚持知行合一，注重在实践中学真知、悟真谛"[①]。王佳琪同学通过实践不断锤炼自我，主动把个人成长与国家使命结合起来。她带领团队探寻移民新村许家冲的乡村振兴密码，深入田间地头感受乡村振兴的力量。在国旗护卫队的严格训练中，她用敬畏、忠诚和担当传递信仰，展现了新时代青年应有的责任与担当。她积极投身于志愿服务实践，深入社区、乡村、学校传递正能量，在每一次躬身力行中感受奉献的价值。王佳琪同学以实际行动诠释了青年一代的责任与担当，她的经历无疑是新时代青年在乡村振兴与社会发展的广阔舞台上，勇敢追梦、积极作为的生动写照。

红色导师： 崇延磊（华中农业大学经济管理学院辅导员）

---

① 新华社. 习近平：紧跟时代肩负使命锐意进取 为共同理想和目标团结奋斗[ED/OL]. （2016-04-29）[2024-11-16]. https://www.gov.cn/xinwen/2016-04/29/content_5069304.htm.

青春力行正当时　基层实践显担当

姚可漪

经济管理学院 2023 级农林经济管理专业本科生

（2025 年 3 月 7 日）

【思想汇报】

年少有为时，实践悟真谛。步入大学以来，我积极参加"家燕归巢""返家乡"社会实践活动，曾先后前往温州市农业农村局、铁路温州南站与农商银行支行进行实习。通过参与党建、群众服务、政策宣讲等活动，我在社会实践"大课堂"中受教育、长才干、作贡献，提升了综合素养，切实体会到了基层工作的重要性。展望未来，我将矢志不渝，为家乡的发展贡献青春力量。

实践促成长，矢志学"三农"

农业农村工作是国民经济的基础，是社会稳定的重要支撑，每一项工作都紧密关联着农村的发展、农民的福祉以及国家的粮食安全。2024 年暑假，我前往温州市农业农村局进行了为期一个月的实习，参与了整理文件、筹备会议、协助收集材料、撰写材料等工作。在此过程中，我不仅研读了浙江省农业农村厅出台的文件政策及"三农"工作重点考察指标，还深刻认识到社会实践对于个人成长的意义。我意识到，学习不能只局限于书本知识，更要走进社会，将所学知识应用到实际中。通过这段实习经历，我在日后的大学生涯中更加关注农业领域，努力提升专业能力，为乡村振兴战略的实施添砖加瓦，用自己的知识和力量助力农业发展，让乡村焕发出新的活力。正因如此，我在大二专业分流之际，坚定选择了农林经济管理专业。

情暖返乡路，志愿展风采

怀揣着服务群众、回馈社会的热忱之心，2025年寒假，我参加了共青团温州市委发起的"暖冬行动"春运志愿服务，并收获良多。这次经历不仅让我亲身体验到了春节归家路上的艰辛与温情，还让我深刻理解了"服务他人，快乐自己"的真谛。

在铁路温州南站，我化身"春运护航员"，为旅客提供暖心帮助、指导购票取票、帮助搬运大件行李、引导有序候车。在候车区维持秩序时，我看到了世间百态：有父母带着年幼的孩子，一路上悉心照料，眼神中满是慈爱与担忧；有年迈的老人，在志愿者的帮助下缓缓前行，他们眼中的感激让我更加坚定了服务的决心；还有归心似箭的游子，即使旅途疲惫，脸上也洋溢着即将回家的喜悦。这些画面，让我近距离体会到春运对于每个家庭的重要意义，它承载的既是亲情的团聚，更是爱的传递。旅客回馈于我的一声声"谢谢"、一张张笑脸，成为冬日里最温暖的礼物。这次志愿服务经历让我真实感受到了服务他人的价值与幸福，真正传递了属于家乡的温度。

实习悟真谛，细微显担当

2025年寒假，我来到龙湾农村商业银行基层网点担任大堂经理助理，开启了一段充实而难忘的实习之旅。在熟悉基本业务的办理后，我承担了帮助需要开卡的客户填写开户申请单、为存款客户兑换积分礼品、引导客户分流等工作。这段经历，让我深刻体会到基层金融服务的重要性和责任感。在日常实习中，我不仅学到了如何高效处理业务，还感受到了普通群众对金融服务的迫切需求。每一次帮助客户成功解决存取钱款或更换银行卡、办理社保卡等问题，都让我感受到工作的意义和价值。同时，我也意识到基层金融服务的复杂性和挑战性，需要我们更多的耐心和专业能力。

从校园"象牙塔"踏入社会"大课堂"，在农业农村局的实习让我对"为人民服务"的宗旨有了更深刻的认知；春运志愿服务中的每一句指引、每一次搀扶，让我在传递温暖时更懂得"平凡中的伟大"；在银行基层网点的锻炼中，我触摸到基层治理的脉搏——那些琐碎却关乎民生的点滴，让我领悟到"纸上得来终觉浅"的真谛。作为华中农业大学农林经济管理专业的学生，我深感肩上的责任重大：国家进步需要青年用脚步丈量、用智慧赋能。这三段实践让我褪去"书生气"，多了"泥土香"，更坚定了将个人成长融入国家需求的信念。未来，我愿带着这份扎根基层的热忱，在服务社会的路上继续躬身力行，让青春与时代"同频共振"！

【红色导师点评】

姚可漪同学通过多段实践经历展现了其积极参与社会治理、服务基层群众的成长历程。从农业农村局到春运志愿服务，再到银行基层网点，她不断深入基层，体验民生，深刻理解了责任与担当。汇报中流露出对"为人民服务"的坚定信念，以及对个人成长与国家需求相融合的深刻认识。语言朴实，情感真挚，充分展现了自己扎根基层、服务社会的决心。

红色导师：杨志海（华中农业大学经济管理学院农业经济管理系副教授、教工党支部书记）

新禾饮露绣山河

刘烨佳

经济管理学院2024级农业管理专业硕士研究生
（2025年3月10日）

【思想汇报】

习近平总书记在给我校本禹志愿服务队的回信中，深情寄语青年"与祖国同行，为人民奉献"。作为农业管理专业的研究生，我深受鼓舞，深刻认识到自己既要深入钻研农业理论，又要脚踏实地走进农村，倾听农民的真实需求，解决农业发展的实际问题。我将以知识为犁铧，以行动为耕耘，为乡村振兴和农业现代化贡献自己的力量。

从理论到实践：用行动架起乡村振兴的桥梁

2024年12月，我有幸参与了学院行政管理教工支部组织的中国桥梁博物馆"红色导师"师生联学实践活动。在赵州桥"奇巧固护"的营造智慧中，在茅以升炸毁钱塘江大桥的悲壮抉择里，我深切感受到桥梁不仅是跨越天堑的物理纽带，还是凝聚民族精神的时代丰碑。武汉长江大桥的建造历程，生动诠释了建设者攻坚克难、敢为人先的奋斗品格。

图 1　师生参观中国桥梁博物馆

在我看来，推进乡村振兴无异于"架桥"。这不仅是因为两者都蕴含着开拓创新、为民造福的民族精神，更本质的原因在于它们都是旨在跨越发展障碍、推动全面进步的系统性工程。桥梁的建设依赖各项技术的综合支撑，而农业农村的现代化同样需要多学科的融合。在研究生阶段的学习与实践中，我深刻体会到，乡村振兴不仅需要国家战略的宏观指导，还离不开青年学子深入基层、扎根农村的切实行动。只有实现乡村的全面振兴，才能确保农民增收、农业高效、农村和谐，进而打造出宜居宜业的美丽乡村。秉持着这样的信念，我多次参与社会调研，在实践中不断深化对乡村振兴的理解和感悟。

走进乡村一线，破解农业管理的现实课题

大三暑假，我跟随老师赴湖北襄阳、宜昌就农业供应链等问题进行调研，与当地农户、合作社负责人、地方政府工作人员进行了深入交流。调查中我们发现，许多优质的农产品因缺乏品牌包装与市场桥梁，难以在市场中体现真正价值，严重制约了农民收入增长。于是，我探索将先进的管理营销理念融入当地营销，为当地设计了"品牌塑造+数字化赋能"的

营销模式，助力农民打造特色农产品品牌，并有效利用电商平台，拓宽了农产品的销售渠道。这次实践，让我对微观市场的运作优化有了更深刻的理解。

本科毕业前夕，我再次投身到课题组农田水利基础设施建设调研项目。深入田野，我亲眼见证了因灌溉系统年久失修而导致的老化低效问题，以及由此引发的农作物产量低下的严峻现实。在团队老师的带领下，我和成员们一起深入剖析问题根源，提出了采用节水型滴灌技术的改进建议，并向地方政府提交了调研报告。我们的建议得到了高度重视并被逐步采纳实施。这段宝贵的经历，让我深切领悟到，青年人那股积极思考的热情、勇于探索的胆识和不懈奋斗的坚持，正是驱动乡村振兴这一伟大征程不断破浪前行的强劲动力。

用行动践行使命，赋能乡村振兴

回首往昔，2021年那个炽热的暑期，我在贵州毕节度过的支教生活，无疑是我二十余载人生旅途中最绚烂、最有意义的一章。那段时光，我与山区的孩子们同甘共苦，在学习与成长的道路上并肩前行。他们的纯真欢笑让我沉醉，而教育资源的匮乏更让我深感忧虑与无力。孩子们对知识的渴求，更加坚定了我心中的信念：乡村振兴，教育为先。唯有培育出掌握现代农业知识、精通科技与市场的新型农民，乡村方能焕发勃勃生机，持续繁荣。

支教过程中，我还敏锐地察觉到农村数字化转型所面临的种种挑战。数字基础设施薄弱、农民对新技术接受度低，束缚着乡村数字经济的发展。为此，我与团队深入调研，提出加强农业数字化技能培训、优化电商政策等举措，并撰写分析报告，力求为政策制定提供坚实依据，以实际行动为乡村振兴添砖加瓦，让知识之光照亮乡村未来之路。

身为新时代青年，我深知"青年兴则国家兴，青年强则国家强"。未来，我将以青春之勇，精进不息，探索现代农业新征途，为乡村经济注入创新活力。愿以青春之名，继续投身乡村振兴事业，为建设农业强国梦添砖加瓦。

【红色导师点评】

刘烨佳同学牢记习近平总书记对华中农业大学本禹志愿服务队的殷殷嘱托，通过红色实践活动汲取精神力量，自觉将其转化为乡村振兴的动力，展现了高度的思想觉悟和党性修养。她深入一线开展专业实践，从优化农业供应链到改进农田水利设施，从山区支教到推动农村数字化建设，不仅敏锐发现问题，还提出创新性解决方案，体现了扎实的专业能力和实践精神。刘烨佳同学以实际行动践行党的宗旨，展现了新时代青年的专业素养和责任担当，为乡村振兴注入了青春力量，具有很强的示范意义。

红色导师： 乔学琴（华中农业大学经济管理学院研究生教育中心主任、行政管理教工党支部书记）

在玻利维亚高原书写中国青年的使命与成长

吴　渺

经济管理学院 2021 级经济统计学专业本科生

（2025 年 3 月 15 日）

【思想汇报】

新时代的中国青年，肩负着与世界对话、为构建人类命运共同体贡献智慧与力量的使命。作为一名华中农业大学经济管理学院的大四学生，我以联合国世界粮食计划署（WFP）国际志愿者的身份，跨越山海，来到南美洲国家玻利维亚的首都拉巴斯，担任国际动员和资源助理。这段为期半年的志愿服务经历，让我在异国他乡的"社会大课堂"中褪去"书生气"，增添"泥土香"，深刻体会到"青春当与时代同频共振"的内涵。

初心如磐：迈向国际舞台的第一步

我的国际志愿服务之路，源于对国际事务的热爱和对志愿服务的执着追求。大学期间，我被"本禹志愿服务队"的事迹和话剧《牵挂》深深打动，立志用青春和热情帮助更多人，践行"奉献、友爱、互助、进步"的志愿精神。

大三寒假，我参加了"国际组织实习生预备营"，与来自世界各地的青年围绕联合国 2030 年可持续发展目标（SDGs）展开深入探讨，通过模拟联合国会议为全球性议题谋划解决方案。这段经历为我打开了通往国际舞台的大门，也让我明确了未来的奋斗方向。

大学四年，我以实际行动回应习近平总书记"与祖国同行，为人民奉献"的殷殷嘱托。在担任班级公益委员期间，我组织校园义卖，为山区儿童筹集图书；在武汉马拉松志愿服务中，我顶着烈日进行新闻采访，记录比赛实况。这些经历让我深刻认识到，真正的志愿服务是脚踩泥土、心怀热忱的躬身力行。

因此，当学校发布联合国志愿者选拔通知时，我毫不犹豫地递交了申请。面对全英文面试的挑战，我用一个多月时间专项补齐口语短板，整理了两万余字的模拟材料。最终，我成功入选，开启了这段意义非凡的志愿服务之旅。

图 1　吴渺（中）在参加出征前培训

破茧成蝶：在海拔 3640 米的高原淬炼

玻利维亚首都拉巴斯，这座世界海拔最高的首都，以凛冽的寒风和稀薄的氧气给了我第一个"下马威"。长达一周的高原反应和饮食文化的差异让我备受折磨，但当我走进社区，看到因山体滑坡失去家园的妇女和孩子们天真淳朴的眼神，我告诉自己："作为中国青年，我不能轻言放弃。"

为了更好地胜任志愿服务岗位，我提前深入学习了玻利维亚的历史和文化特色。玻利维亚是一个充满多样性和独特性的国家，正努力推动经济多样化和可持续发展，这与我的专业高度契合。在我看来，在这里参加国际志愿服务，既是挑战，又是难得的机遇。

在联合国世界粮食计划署（WFP），我的主要职责是协助项目主管策划并推进项目，具体包括方案策划、项目对接与落实等环节。凭借扎实的专业知识和严谨的工作态度，我为项目的顺利开展贡献了自己的一分力量。工作中，我还充分发挥摄影特长，积极参与宣传材料制作和媒体运营。一次山体滑坡灾害中，我主动请缨奔赴一线，用镜头记录下 WFP 发放救援物资的场景。当一位妇女颤抖着接过救济卡，用克丘亚语说出"帕查马马（大地母亲）会保佑你们"时，我的眼眶湿润了——这份跨越语言与文化的共鸣，正是志愿服务的真谛。

图 2　吴渺（右四）与志愿者朋友们

服务期间，国际志愿者日的活动让我印象深刻。来自世界各地的志愿者们齐聚一堂，尽管文化背景不同，但都怀揣着同一个信念——为全球人民服务，奉献青春与力量。这种跨国界、跨文化的团结与奉献，让我更加坚定了初心，也让我深刻认识到，志愿服务是连接不同国家、民族的桥梁，是推动全球进步的共同力量。

双向奔赴：以文化为纽带传递中国温度

"志愿服务不仅是援助，还是心与心的对话。"在拉巴斯的街头巷尾，我既是工作者，又是文化的传播者与交流者。我始终牢记自己作为中国青年志愿者的使命，积极讲述中国故事、传递中国声音，展现中国青年的责任与担当。

在国际志愿者日当天，我向各国志愿者展示中国书法，用毛笔写下"和合共生"赠予玻利维亚同事；在社区"中国文化周"活动中，我教孩子们剪窗花、包饺子，当他们用生涩的中文说出"新年快乐"时，文化的种子已在他们心中悄然生根。

与WFP团队的深入交流也令我难忘。当我在例会中分享中国"精准扶贫"的成功案例时，来自意大利的项目主管感慨道："原来中国的可持续发展不仅体现在政策上，还深深渗透在普通人的日常生活中。"我的分享不仅让国际同事对中国有了更深入的了解，还为项目的设计与实施提供了新的思路。

青春答卷：在独处中寻找内心的自洽

如果说高原反应是对身体的考验，那么独处时光则是对心灵的修行。在拉巴斯的夜晚，我常对着星空写下日记：既有思念祖国时"千里共婵娟"的惆怅，又有见证项目落地时"此身安处是吾乡"的豁达与满足。我学会了用一碗阳春面慰藉乡愁，在晨跑中与雪山对话以积蓄勇气，更在与当地艺术家的交流中读懂"慢节奏"中的生命哲学。

第一部分　红色导师·思想汇报

图 3　吴渺在玻利维亚高原

这段经历赋予我三个关键词——勇敢、独处、自洽。勇敢，是面对未知时依然选择出发的决绝；独处，是在异国他乡与自我和解的修行；而自洽，则是将个人理想融入人类共同福祉的觉醒。当我选择投身于国际组织时，母校"勤读力耕，立己达人"的校训在我耳边格外清晰。

让青春与世界的脉搏同频共振。站在安第斯山脉之巅眺望云海，我仿佛看见无数中国青年正跨越山海、奔赴世界各地，用行动书写青春篇章。我们带着支教时沾满粉笔灰的双手，带着乡村振兴调研中记满数据的笔记本，更带着中华文化中"达则兼善天下"的胸怀，走向世界的每一个角落。正如我在志愿服务日记扉页所写："青年之担当，是既能扎根本土厚植家国情怀，又能走向世界传递文明薪火，为人类命运共同体贡献力量。"

志愿服务是一条没有终点的路。未来，我将带着这份热忱，继续以志愿服务的脚步丈量全球发展的经纬，让我的青春在人类命运共同体建设中绽放璀璨芳华！

【红色导师点评】

吴渺同志在玻利维亚志愿服务期间，展现了顽强拼搏的精神与开阔的国际视野。她不仅克服了高原严寒和文化差异的重重挑战，还积极参与项目策划、现场救援和文化交流，充分诠释了中国青年的责任与担当。这段经历不仅显著提升了其专业能力和人文素养，还展示了中国形象与国家软实力，为中外交流架起了一座坚实的桥梁。希望更多同学以她为榜样，自信走出国门，用爱奉献社会，在世界舞台上发出中国声音，书写构建人类命运共同体的青春篇章。

红色导师：涂涛涛（华中农业大学经济管理学院经济学系副教授）

党建引领春风化雨　创新育人润物无声

万浩然

经济管理学院辅导员

（2022 年 12 月 26 日）

【微评】

"红色导师，就是要导思想、导品行、导学习、导规划、导就业。"在"红色导师"工作推进会上，华中农业大学经济管理学院党委副书记刘三宝强调了学院新一轮"红色导师"工作建设思路。学院每位"红色导师"围绕思想政治引领这一主线，每年至少开展两次谈心谈话，参与三次"红色沙龙"，指导结对学生撰写四篇思想汇报，以强过程、重成效的有力举措，引导学生赓续红色基因、立志耕读兴农、投身强国伟业。

"红"是红领思想、微言大义。通过把牢思想根基，红色导师引领广大青年自觉沿着习近平新时代中国特色社会主义思想指引的方向奋勇前进。在推动"红色导师"建设过程中，华中农业大学经管学院牢牢把握青年"理想信念关"，联合荆楚网（湖北日报网）创造性地推出"红色导师·思想汇报"专栏，将话语权回归至导师和学生。2022级农业经济管理硕士班的音永欣在思想汇报中收获了红色导师的暖心寄语："在学习中练就过硬本领，锤炼扎实才干，用所学回报社会，以真情服务群众，在新征程中立下'鸿鹄志'、练就'铁肩膀'、当好'接班人',争做有理想、敢担当、能吃苦、肯奋斗的新时代好青年。"农林经济管理 2002 班的高昊晨则回顾了自己投笔从戎的难忘经历。在思想汇报中,他深情立誓:"退伍不褪红旗色,热血铸就忠诚魂。若有战,召必回,强国有我,砥砺青春!"

图 1　万浩然(一排右三)与学生工作系统成员合影

新时代中国青年处在中华民族最好的发展时期,只有树立坚定的理想信念和远大的情怀志向,才能踏上光明的道路。抓思想汇报,其实就是不断挖掘"红色导师"的育人功能,以学生向内自我审视为载体,引导广大青年用青春理想指引人生航线,让理想之光照亮奋进新征程的脚步,推动思想引领建设落地落实、见功见效。

"导"是导学导心、导行导思。通过长期谈话交流,红色导师鼓励帮助广大青年将"勤读力耕、立己达人"转化为自觉践行的实际行动。在拔节抽穗的黄金时代,"红色导师"就像一只温暖而有力量的大手,帮助青年扣好人生第一粒扣子。

在经管学院研究生党支部与研究生院党支部师生联学共建活动现场,红色导师、党委研究生工作部部长镇志勇面对学生们提出的职业发展困惑时勉励道:"同学们应正确认识自己所处的时代,正确认识'小我'与'大我'

之间的关系，正确认识华农经管人的时代使命，想通大道理，干好小事情。"在党的二十大精神联学会上，红色导师祁春节教授勉励研究生党员永葆青春热情，做有理想、敢担当、能吃苦、肯奋斗的新时代好青年。在桃园食堂，红色导师李晓云教授同结对学生边吃饭边讨论人生规划。在篮球场上，红色导师项朝阳教授与同学们共同挥洒汗水，尽享体育运动之美……

无论是线上还是线下、无论是在田间还是在课堂，"红色导师"将党建与育人深度融合，扎根落实到学生成长的每一步。

"经师易求，人师难得。"把"红色导师"具体到实际中，就是要在答疑解惑中育人、在深入乡村中育人、在项目选题中育人、在生活点滴中育人，真正做到"人人事事时时处处皆育人"。农业经济管理系教工党支部书记杨志海作为"红色导师"代表在分享个人体会时，特别提到了许多学生和他面对面谈心谈话的环节："海哥，你什么时候有时间，可以找你聊聊吗？""海哥打扰了，可以和你说说话不？"……一条条聊天记录背后，是两颗真心的对话。实现"红""导"兼备，就是要真正融入学生群体，通过合理沟通有效解决学生问题，以示范引领树立积极典型，从而达到春风化雨、润物无声引领学生成长成才的效果。

"红色导师"不仅是广大青年思想上的指明灯、科研上的引路人，还是切实帮助解决学生"急难愁盼"的关怀者。为此，要不断探索完善"红色导师"工作的培养机制、管理机制、协调机制、保障机制和评价机制，健全"红色导师"队伍培养体系，支持结对师生参与广泛深入的社会实践、开展社会调查，形成相互协同的育人合力，打造起一支有大学问、大情怀、大格局、大境界的"红色导师"队伍。

新征程有新使命，呼唤新担当新作为。以党的二十大精神为指引，华中农业大学经济管理学院将始终坚持"红色导师"建设思路，谋划、推动并创造性地开展、落实每一项工作，引导广大青年发扬时不我待、只争朝夕的精神，踔厉奋发、团结奋斗、再创佳绩、再谱新篇。

第二部分 党建思政评论和理论文章

第二部分　党建思政评论和理论文章

> 东湖评论

在党史学习教育中培育时代新人

万浩然

（2021年5月31日）

"党的历史是最生动、最有说服力的教科书。"[①] 在庆祝中国共产党百年华诞之际，在全党集中开展党史学习教育之时，高校作为习近平新时代青年思想政治教育的主阵地、主战场，更应主动成为党史学习教育的排头兵、领头雁。

"让红色基因、革命薪火代代传承。"[②] 党史教育的根基在于对真理的深入探求与学习，引导师生回顾党的革命、建设与改革时期所面临的动荡局势和严峻考验，筑牢学党史、强信念、跟党走的思想根基，使师生深刻认识到新中国来之不易、中国特色社会主义来之不易，不断增强广大师生的正气、骨气和志气。当代中国青年是与新时代同行、共同前进的一代，在党史学习这堂必修课上，青年学子理应认真学习、深入思考，在反复研读中深入感受马克思主义与中国特色社会主义伟大实践相结合的磅礴伟力，在学习过程中品尝真理的味道、感受信仰的力量、倾听理想的召唤，进而更加自觉地站在马克思主义的旗帜下，凝聚起为民族复兴铺路架桥、为祖国建设添砖加瓦的磅礴青春力量。

---

① 习近平. 在党史学习教育动员大会上的讲话[J]. 求知，2021（4）：4-11.
② 共青团中央. 让红色基因、革命薪火代代传承[J]. 中国共青团，2021（6）：5-7.

激活爱党爱国情怀，让党史学习教育活起来。开展党史学习教育应着重挖掘鲜活素材，通过策划一系列有温度、有效度的学习活动，牢记立德树人使命，聚焦于活动育人初心，充分发挥新媒体的传播优势，扩大党史学习教育的辐射面和影响力，进一步提升党史学习教育的学习效果。以新技术、新模式"活"学党史，不断增强党史学习教育的针对性和实效性，鼓励师生深挖红色资源、讲述红色故事、传递红色记忆，推动党史学习教育插上翅膀、浸入心田，确保党史学习教育取得扎实成效。华中农业大学经济管理学院创新学习形式、丰富教育载体，通过开展"同读一本书、同上一堂课、同答一张卷、同唱一首歌、同写一封信、同走一段路、同办一件事、同照一面镜"等系列活动，推动党史学习教育持续走深走实。

　　党的历史是明灯，也是号角。知史明路，学思践悟，开展党史学习教育关注的不是学习了多少，而是真正学到了多少、思考了多少。只有在学习过程中将学校内容内化于心，才能领悟其中的核心价值和科学内涵。党史学习教育重在悟原理，从党的百年历史中深刻理解为什么只有马克思主义中国化可以救中国，为什么只有中国共产党才能救中国。只有不断学习，才能运用科学的理论武装头脑，指导工作、推动工作。党史学习教育贵在领悟规律，历史发展的规律具有重复性、预见性、层次性、不确定性和开放性。只有深刻探究党的历史规律和发展大势，才能更好地增强工作的预见性，树立正确的历史观和大局观。党史学习教育旨在悟初心，不忘初心、牢记使命，我们走得再远，都不能忘记来时的路。只有每一个"小我"坚持初心，才能更好地实现"大我"的梦想。

　　"纸上得来终觉浅，绝知此事要躬行。"[①]"学"的效果如何，最终要靠"行"来检验，只有把学和做拧成一股绳，才能提高党史学习教育的实效性。党史学习中有着前人走过的路，等着我们去身临其境地体会与感受。开展党史学习教育要以新的思想认知推动实践，以新的实践深化思想

---

① 出自宋代诗人陆游《冬夜读书示子聿》。

认知。党史滋养初心是基础、是前提，干出实际实效是重点、是关键。开展党史学习教育的根本目的，就是要以真知推动笃行、让历史和现实贯通，在学习中把握历史脉络，全面深刻理解中国共产党人在百年奋进征程中形成的精神谱系，从党史中汲取精神力量和经验方法，切实做到自觉立政德、明大德、守公德、严私德，坚持实事求是、因地制宜、精准施策，在落细、落小、落实上下功夫，使党史学习教育内化于心、外化于行。

大学生评论大赛

吾辈青年与时行　终日乾乾助恒昌

万浩然　毛静宜

（2021年8月20日）

青年者，人生之王，人生之春，人生之华也。昔日的五四青年振臂一呼，点燃了思想启蒙的火炬；百年之后的当代青年，传承五四精神，以坚定的步伐迈向强国之路。就在今年的东京奥运会上，中国健儿在多个项目中成为全球焦点。他们不仅以惊艳的运动成绩令世界瞩目，还在赛场内外展现出担当、自信与青春激昂的风采，令世界为之动容。

拳拳爱国心体现在顽强奋斗中，红色基因流淌在体育健儿的血液里。本届奥运会上小将杨倩，以惊人的沉稳完成决赛最后一枪实现逆转，为中国体育代表团赢得首金。她表示，希望用这枚金牌为党的百年华诞献上祝福。23岁的张雨霏在本届奥运会收获四枚金牌。她坦言，这样优异的成绩来自"中国力量从心底燃起来了"。巩立姣在女子铅球决赛中投出最佳成绩后，不断用大拇指指向胸前的国旗，那是她力量的源泉。习近平总书记强调："我们每个人的梦想、体育强国梦都与中国梦紧密相连。"[①] 党的十八大以来国家伟大事业取得的历史性成就，以及党领导人民实现中华民

---

① 新华社. 习近平亲切看望参加索契冬奥会的中国体育代表团［ED/OL］.（2014-02-07）［2021-07-20］. https://www.gov.cn/xinwen/2014-02/07/content_2613015.htm.

第二部分 党建思政评论和理论文章

族伟大复兴的辉煌成果，为奥运健儿搭建了为热爱坚持、为梦想冲刺的舞台。在新的历史阶段，时代给予青年更广阔的舞台。

自信与沉着铸就青年一代的最强底色，开放与包容夯实年轻体育健儿的卓越品德。"青山依旧在，朝霞更满天。"羽毛球女单选手何冰娇面对因伤退赛的美国对手流下眼泪；女子双打结束后，陈清晨和贾一凡真诚拥抱获胜的印尼选手；汪顺夺金后向匈牙利游泳老将切赫深深鞠躬致敬……这些动人瞬间打动了世界各国的媒体与观众，被国际媒体赞誉为"奥林匹克精神的完美体现"。惊艳世界的不仅是青年选手傲人的成绩，还是他们在世界大变局中坚定与友善相伴、与世界为友的中国形象。青年是国家的未来，也是世界的未来。中国梦与世界梦始终息息相通，在开放包容的大国情怀浸润下，年轻健儿不仅胸中怀有家国情怀，还时刻闪耀着"一枝独秀不是春，百花齐放春满园"的开阔胸襟。

上青天、揽明月的崇高志向指引青年勇逐梦想，挺身而出、勇于担当的精神不仅体现在奥运赛场。今天，中国青年在各个领域的舞台上都展现着属于自己的青春激昂。"中国青年五四奖章"获得者、"蛟龙"号总设计师、潜航员叶聪，付出十倍百倍于常人的努力，让大国重器落地；嫦娥团队中一批优秀的90后年轻人，与先辈合作将中国的"玉兔"送上月球背面；哈工大平均年龄仅二十多岁的青年团队，成功在轨抢救"龙江二号"并拍下被世界称赞的"最棒的地月合照"；在抗击新冠疫情的斗争中，以"90后""00后"为代表的青年医护工作者一往无前，搏击风浪……从产业前沿到国防前线，从乡村振兴的路途到强国科技的征途，无数走在时代前列的年轻人，完美诠释着"承担责任，振兴国家"的深刻内涵。

"天下者，我们的天下；国家者，我们的国家；社会者，我们的社会；我们不说，谁说？我们不干，谁干？"① 百年前，毛泽东主席的铿锵呐喊至今仍振聋发聩。习近平总书记深情寄语："青年是整个社会力量中最

---

① 付欣宇. 百年薪火——纪念《湘江评论》发表100周年. ［ED/OL］.（2020-01-10）［2021-07-20］. https://www.hswh.org.cn/wzzx/llyd/wh/2020-01-09/60709.html.

积极、最有生气的力量，国家的希望在青年，民族的未来在青年。我们要用欣赏和赞许的眼光看待青年的创新创造，积极支持他们在人生中出彩。"[1]这些话语不断鼓舞着青年一代自信、有为。

吾辈青年与时偕行，终日乾乾助国恒昌。从中国体育代表团看当今的中国青年，恰如旭日东升、卓越辉煌。生机勃发、高歌猛进必将成为青春荣光在祖国大地持久绽放的亮丽风景，有为青年们必将成为驱动中华民族加速迈向伟大复兴的蓬勃力量。

---

[1] 习近平. 在纪念五四运动100周年大会上的讲话[J]. 中国共青团, 2019（5）: 1-5.

> 荆楚网

华农经管院打造"红色导师"强化高校思政功能

万浩然　毛静宜

（2021年10月25日）

为推动党建与思政教育深度融合，全面落实"三全育人"理念，华中农业大学经济管理学院启动"红色导师"领航育人项目。据悉，该项目共聘任包玉泽等70名教师为"红色导师"，通过"一个考核方案促规范、两个思想阵地展风采、三个培养阶段助进步、四个时间节点抓落实"的系统化教育体系，有效引导青年学生赓续红色血脉、凝聚精神力量。

强化高校思政功能，精神引领助"立德"。着力价值导向和精神引领，经济管理学院依托"红色导师"项目持续开展师生同读红色经典著作、同参加社会实践、同开展志愿服务等系列活动。以班级书屋为依托，学院组织了阅读分享会、图书漂流、读书征文等多种形式的活动。在"以书为媒、共话阅读"读书分享会上，身为"红色导师"之一的李谷成老师分享了自己关于读书的建议。他强调阅读红色经典的重要性："读红色经典是增补成长之钙的重要载体，有利于砥砺志向、锻造精神、博大胸襟、熔铸品格。"此外，学生与教工党支部联动共同开展"党史学习"等主题党日活动，共赴红色革命基地参观学习，坚定理想信念、激发奋进力量。

着力挖掘时代需求，学思并行助"立业"。在今年迎新季，各系"红色导师"倾情加盟，合力为新生打造"教授进班级""学科体验活动""新生导学交谈会"等活动。在"新生导学交谈会"上，五个系共计十余名导师循循善诱、倾囊相授，从学术的前世今生与当下热点问题出发，介绍专业科学研究的基本思路与步骤，培养学生学术志趣。针对2020级同学专业分流的困惑，各系"红色导师"组建宣讲团，全面介绍各专业特征、学科优势、毕业去向与就业方向，用自身经历为学生传道解惑。会计系李思呈老师与学生分享了他求学求知的历程，鼓励同学们遵从内心，在结合自身兴趣与做好未来规划的基础上选择专业。

创新师生联动形式，文体兼修助"立身"。"红色导师"不仅要导学，还要导人生，在"春风化雨、教学相长"的培养模式中全面提升学生素养。自"红色导师"项目实施以来，经济管理学院已举办多场师生文娱体育活动，丰富了校园文化生活，展现了师生团结、和谐、勇于拼搏的精神风貌。在以"羽动飞扬，师生融乐"为主题的师生联谊羽毛球比赛中，46名师生分成四支队伍激烈交战，其乐融融。混打师生配合默契，攻守兼备，发球、扣杀，淋漓尽致，一丝不苟。"红色导师"杨志海在赛后表示："举办这场比赛不仅是为了促进师生日常体育锻炼、提高身体素质，还希望能够加强师生之间交流，促进师生融乐。"

华中农业大学经济管理学院创新学习形式、丰富教育载体，坚持将学生思政教育贯穿人才培养方略中。依托"红色导师"项目，学院将持续开展各类师生共建活动，引领青年学子在师生融乐中品尝真理的味道、感受信仰的力量、倾听理想的召唤。

学习贯彻党的十九届六中全会精神·学党史向未来

坚持中国道路　培育时代新人[①]

刘三宝

（2022 年 2 月 28 日）

道路问题是关系党和人民事业兴衰成败第一位的问题。党的十九届六中全会审议通过的《中共中央关于党的百年奋斗重大成就和历史经验的决议》以宏阔的历史视角、深厚的历史智慧，系统揭示了党百年奋斗历程中积累的"十个坚持"的宝贵经验。其中，坚持中国道路是我们党百年奋斗的成功密码，是我们党创造人民美好生活、实现中华民族伟大复兴的康庄大道，也是建党百年来高校思想政治教育的重要法宝。

古往今来，世界一流大学都以服务国家发展为最高追求，以培养一流人才为己任。我国具有独特的历史、独特的文化、独特的国情，这决定了办好中国的大学，必须从我国国情出发，探索并形成符合中国实际的发展道路。中国特色社会主义大学只有始终牢记培育时代新人的政治使命，才能办出中国特色世界一流大学，才能抓住培养社会主义建设者和接班人这个根本。这既是高校全面落实立德树人根本任务的使命所在，又是坚持中国特色社会主义办学方向的时代要求。新时代高校要培养担当民族复兴大

[①] 本文系 2021 年度教育部人文社会科学研究专项任务项目（高校辅导员研究）"新媒体时代高校意识形态安全防控机制研究"（21JDSZ3082）的阶段性研究成果。

任的时代新人，就必须在增志气、增底气、增骨气上下功夫，努力将育新人的使命做实、做细、做深。

增志气，培育有理想的时代新人。没有理想的人缺志气，没有志气的人缺动力。心中有理想、有志气是克服一切困难、战胜一切强敌、夺取一切胜利的强大精神力量。高校思政工作是坚持党对教育事业全面领导的具体体现，是学校各项工作的生命线。

一是坚持以马克思主义为指导，夯实信仰之基。长期以来，意识形态阵地，我们不去占领，敌人就会占领。面对国内外形形色色的诱惑和挑战，一些对世情、国情、党情缺乏深刻了解的青年学生很容易被影响。高校要加强马克思主义基本原理、新时代党的创新理论成果和中华优秀传统文化、革命文化、党史、新中国史、改革开放史、社会主义发展史的学习教育，引导学生自觉运用马克思主义的立场、观点、方法来认识问题、分析问题和解决问题。

二是坚持以思想引领为关键，强化内容供给。要以思想政治理论课为支撑，以"课程思政"为抓手，挖掘和充实各类课程的思政教育资源，促进包括通识课、专业课、基础课在内的各类课程与思政教育有机融合，做到学、思、用贯通，知、信、行统一，引导学生扣好"人生第一粒扣子"。

三是坚持德育为先，育人先育己。立德方能正己，正己才能律人。高校思政工作者不仅要立学生的德，还要立自身的德，不仅自身要有"大格局""大梦想""大情怀"，而且要传递中国声音、塑造国家形象、讲好中国故事，引领学生立鸿鹄志、做奋斗者，在春风化雨中解渴润田，于润物无声中打好中国底色。

增底气，培育有本领的时代新人。人无底不壮，事无底难成。底气是自己给自己的，是一种自信、一种积累、一种沉淀。高校是青年学生历练成长的大熔炉，高校思政工作更要理直气壮、守正创新。既要沿用好办法、改进老办法，又要顺应新要求、探索新办法，增强思政工作的时代感和吸引力。

一是致力于培养有家国情怀和健全人格的人。引导学生树立爱党爱国爱人民的毕生信念和明大德、守公德、严私德的崇高追求，重点向学生讲清楚"中国共产党为什么能""马克思主义为什么行""中国特色社会主义为什么好"这三个时代命题，增强学生的政治认同、思想认同、理论认同、情感认同，让最积极、最活跃、最有朝气的青春跃动与爱国情、强国志和报国行同频共振。

二是致力于培养勤于学习、善于思考的人。既要让学生明白抵制什么、反对什么、批驳什么，又要让学生明白坚持什么、巩固什么、发展什么，引导学生树立"梦想从学习开始、事业靠本领成就"的观念，把学习作为一种责任、一种精神追求、一种生活方式，做敏而好学、与书为伴的青年一代。

三是致力于培养肩负使命、追求卓越的人。准确把握"中国特色"和"世界一流"的关系，既要坚持"面向世界科技前沿、面向经济主战场、面向国家重大需求、面向人民生命健康"的时代要求，想国家之所想、急国家之所急、应国家之所需，扎根中国大地办教育，又要深刻把握世界发展走向，认清中国和世界发展大势，加强相互交流、相互学习、相互借鉴。引导学生克服"能力不足"和"本领恐慌"，始终想干事、能吃苦、肯奋斗，争做走在时代前列的奋进者、开拓者和奉献者。

增骨气，培育有担当的时代新人。习近平总书记在庆祝中国共产党成立100周年大会上深情寄语青年："不负时代，不负韶华，不负党和人民的殷切期望。"这三个"不负"，既是对青年的殷殷嘱托，又是新时代中国青年的价值追求。高校思政工作要紧扣"三个不负"的时代育人目标，将走好信念路、奋斗路、创新路与培养担当民族复兴大任的时代新人紧密结合起来。

一是不负时代，走好信念路。心怀天下，志存高远，才不会在短暂性的现实困顿中迷失方向；执着坚守、勉力前行，才不会在非理性的群体极化中随波逐流。要引导学生加强道德修养、磨砺意志品质，在敢于有梦、勇于追梦、勤于圆梦的实践中追求更有高度、更有境界、更有品位的人生。

二是不负韶华，走好奋斗路。苦练"内功"，方能积蓄满满的"能量"。

要引导学生将"小我"融入"大我",在不张扬、不浮躁、不盲从中自觉担当起"长江后浪推前浪""一代更比一代强"的青春责任。

三是不负期望,走好创新路。青年承载着历史的荣光,肩负着未来的希望。敢为天下先,是青年最重要的特质。要引导学生保持好奇心和求知欲,敢想敢闯敢创,勇于站在改革开放的前列、自主创新的前列、勇挑重担的前列,努力成长为有智慧、有技术,能发明、会创新的新时代青年。

第二部分　党建思政评论和理论文章

学习贯彻党的十九届六中全会精神·学党史向未来

从伟大建党精神中汲取奋进力量

万浩然

（2022年3月4日）

水流万里有源，树高千丈有根。百余年来，伟大建党精神为党的建立、发展、壮大注入精神滋养，为中国的革命、建设、改革事业提供了有力支撑，激励着一代又一代中国人民奋勇向前，推动中华民族逐步开启新的征程。因此，实现中华民族伟大复兴，我们必须弘扬红色基因、赓续红色血脉，从伟大建党精神中汲取奋进力量。

弘扬伟大建党精神，坚持真理、坚守理想，做理想信念的传播者。夏明翰在就义前写道："砍头不要紧，只要主义真。"瞿秋白步入刑场时仍然高唱《国际歌》，他们始终坚信自己所信仰的主义是真理，怀揣的理想一定会实现。那么，真理和理想到底是什么呢？作为共产党员，坚持真理，就是要坚持马克思主义真理；坚守理想，就是要坚守共产主义远大理想和中国特色社会主义共同理想。百余年来，我们党始终坚持用马克思主义指导中国实践，以坚如磐石的理想信念团结带领中国人民砥砺奋进、继往开来，筑起了一座座屹立不朽的历史丰碑。

弘扬伟大建党精神，践行初心、担当使命，做初心使命的践行者。从"我要为苏维埃流尽最后一滴血"的何叔衡，到"一片初心燃春火，毅然战疫护人间"的张文宏，从在荒漠中营造出百里绿色长城的石光，到点亮山区女孩梦想的"校长妈妈"张桂梅……无数共产党员倾其一生，用实际行动诠释着为中国人民谋幸福、为中华民族谋复兴的初心与使命。走得再远，也不能忘记为什么出发。践行初心，就不会迷失方向；担当使命，就不会精神懈怠。初心践、百业兴；使命担、百业成。

弘扬伟大建党精神，不怕牺牲、英勇斗争，做担当实干的奋斗者。无论是建党初期的顽强求索，还是抗日救亡时的力挽狂澜，抑或是新中国成立之初的筚路蓝缕，都有无数革命先辈抛头颅、洒热血。无论是在脱贫攻坚战场上，还是疫情防控斗争中，都有无数共产党员不惧风险、奋勇向前。一切伟大成就都是接续奋斗的结果，没有一代代人民群众前赴后继、艰苦卓绝的接续奋斗，就没有中国特色社会主义进入新时代的今天，更不会有实现中华民族伟大复兴的明天。唯有以奉献之我、奋斗之我，为民族复兴铺路架桥，为祖国建设添砖加瓦，方能不负党的期望、人民期待、民族重托。

弘扬伟大建党精神，对党忠诚、不负人民，做为民服务的先行者。一个党员就是一面旗帜，"我是党员我先上"绝不是一句空话。无论是始终奋斗在扶贫一线的"世界杂交油菜之父"傅廷栋院士，还是情牵"三农"忧民生的湖北省最美社科人张俊飚教授；无论是坚持书信育人、关照学生的最美高校辅导员祝鑫老师，还是"我在家门口疫情防控"的教师李俊，他们都用实际行动践行着为人民服务的宗旨。对党忠诚，是中国共产党人首要的政治品质；不负人民，是中国共产党人鲜明的崇高情怀。

弘扬伟大建党精神，传承党的红色基因。我们要从百年党史中汲取智慧力量，从伟大建党精神中获得丰厚滋养。坚定理想信念，锤炼过硬本领。学思践悟，做一个坚定的传播者、践行者、奋斗者和先行者！

大学生评论大赛

不负韶华争朝夕　不待扬鞭自奋蹄

毛静宜

（2022 年 5 月 5 日）

浮舟沧海，立马昆仑。百年前，伟大领袖毛泽东仰天长问："问苍茫大地，谁主沉浮？"百年间，一代又一代年轻的"后浪"勇立潮头、奔腾不息；时至今日，在党和国家所铺就的霞光万丈中，21 世纪的新青年接过时代的接力棒，重任千钧再奋蹄。

青年向上，国家向前。青年成才与国家发展相辅相成、相互促进。回首往昔，先辈们驾驶着红船一叶小舟在革命浪潮中激流勇进；历经百年风雨，如今的"复兴号"巨轮在潮平岸阔中稳步前行。这是千帆竞发、万象更新的新时代，这是舞台广阔、前景远大的新时期。无论是选择在启智润心的高教沃土中扎根生长，还是在讲求实效的工厂车间里专注技术；无论是选择在辽阔沙场保家卫国，还是在科研前线铸造"大国重器"，当今青年梦想成真的前景无比广阔，建功立业的未来无比光明。生在红旗下、长在春风里，广大青年生逢盛世，共享人生出彩的机会。因此，我们更要无愧"强国一代"的美誉，在祖国的万里长空中尽情放飞理想，在时代的新航道中劈波斩浪，以青年之力推动国家不断向前。

踔厉奋发，实干兴邦。奔跑的青春不焦虑，奋斗的青春不迷茫。纵观无数青年的青春奋斗图，这样的场景让我们铭记：冬奥赛场，年轻的冰上小将用奋斗的汗水灌注脚下的冰面,凭借惊人的毅力和无数次的练习让青春之花破冰怒放;疫情前线,身穿防护服超过24小时的年轻医护工作者迈着逐渐发软的脚步,依然奔走在防护点和隔离区,被医用面罩深深压出勒痕的脸上,目光依旧坚毅;实验室里,早已将同样一系列步骤重复成千上万次的青年学者废寝忘食,只为能够研制出最新的科研成果,助力国家前沿科技更上层楼。在国际交流的互联网平台,在助力"三农"的田间地头,在社会服务的各个领域,处处都活跃着青年奋力追梦的身影。为人生出彩而奋斗,为国家发展而努力,为人民幸福而在所不惜,青春的朝气横跨五岳,青春的热血沸腾九州。

心中有信仰,脚下有力量。新时代的青年沐浴在党的荣光下成长,在社会主义道路引领下,始终坚定不移跟党走。从百年前的五四运动高举"民主"和"科学"的旗帜,到如今党旗所指就是青年所向,青春因信仰而熠熠生辉。国务院新闻办公室发布的《新时代的中国青年》白皮书中明确指出:"历史清晰而深刻地昭示,没有中国共产党就没有朝气蓬勃的中国青年运动,矢志不渝跟党走是中国青年百年奋斗的最宝贵经验,深深融入血脉的红色基因是中国青年百年奋斗的最宝贵财富。"[1]正是在中国共产党的领导下,一代又一代有志青年汇聚起爱国情、民族志、振兴力,在祖国建设的道路上逢山开路、遇水架桥,最终凝聚起实现伟大复兴中国梦的磅礴青春力量。历史和实践都证明,只要青春向党、初心不忘,便能够一直走在云蒸霞蔚的康庄大道上。

胸中存寰宇,青春勇担当。新时代的广大青年是更加自信、开放、包容的一代,青年是国家的未来,也是全人类的未来。在五千年中华优秀传统文化基因的滋养下,中国青年将源头活水与时代精华有机整合,塑造成宏大的国际格局和中国一贯秉持的人文关怀。放眼全球,随着中国对外开放的大门越开越大,中国青年在国际舞台上互动交流的机会也越来越多,向世界传递中国青春的声音、彰显青春的风采,是广大青年所应自觉承担的责任。

---

[1] 新华社.《新时代的中国青年》白皮书(全文)[ED/OL].(2022-04-21)[2022-04-22]. http://www.scio.gov.cn/zfbps/ndhf/2022n/202403/t20240312_837396.html.

九万里风鹏正举，意气风发向未来。身后，是浩浩荡荡激荡新气象的百年大党；身旁，是鼓足干劲奋斗新征程的亿万同胞。广大青年要万众一心、携起手来，始终走在时代前列，保持那股向上向前的青春力量，绘就全面建设社会主义现代化国家的壮美篇章。

地评线·东湖评论

解锁伟大成就背后的成功密码

陈国顺　杨梓蔚

（2022 年 11 月 18 日）

新时代十年的伟大成就举世瞩目，令国人倍感自豪，这些成就不仅催人奋进，还鼓舞人心。回顾过去，我们倍感珍惜；面向未来，我们需以史为鉴。只有认真回顾走过的路、不忘来时的路、远眺前行的路，方能行稳致远。我们应立足成就，深入探寻成功密码，找准力量之源、信念之基、奋斗之向。

一、勇毅前行有舵手

伟大的时代，必有自己的杰出人物；伟大的事业，必有众望所归的领袖。党的十八大以来，党和国家事业取得举世瞩目的辉煌成就，根本在于有习近平总书记作为党的核心、人民领袖、军队统帅掌舵领航，有习近平新时代中国特色社会主义思想科学指引。习近平总书记以马克思主义政治家、思想家、战略家的雄韬伟略、远见卓识、战略定力，对关系新时代党和国家事业发展的一系列重大理论和实践问题进行了深邃思考和科学判断。他提出了关于新时代坚持和发展什么样的中国特色社会主义、怎样坚持和发展中国特色社会主义，建设什么样的社会主义现代化强国、怎样全面建成社会主义现代化强国,建设什么样的长期执政的马克思主义政党、怎样建设长期执政的马克思主义政党等重大时代命题,并在此基础上提出了一系列原创性治国理政的新理念新思想新战略,带领全党全军全国各族人民迎难而上、攻坚克难,建立了非凡之功。

实践已经并将继续证明,明确习近平总书记的核心地位是我们党和国家的根本利益所在,是坚持和加强党的领导的根本保证,是进行具有新的历史特点的伟大斗争、坚持和发展中国特色社会主义伟大事业的迫切需要。在新的赶考之路上,我们要全面领会习近平总书记对推进马克思主义中国化时代化的卓越贡献,全面感悟习近平总书记在统筹"四个伟大"新的实践进程中展现的卓越领导才能和伟大人格力量,毫不动摇地坚定维护习近平总书记党中央的核心、全党的核心地位。

二、踔厉奋发有先锋

我们之所以能取得伟大成就,关键在于勇于自我革命的伟大政党——中国共产党。中国特色社会主义最本质的特征是中国共产党的领导,中国特色社会主义制度的最大优势是中国共产党领导,中国共产党是最高政治领导力量。一个饱经沧桑而初心不改的党,才能基业长青;一个铸就辉煌仍勇于自我革命的党,才能无坚不摧。勇于自我革命是我们党最鲜明的品格,也是我们党最大的优势,是区别于其他政党的显著标志。作为用马克思主义理论武装起来的新型无产阶级政党,中国共产党继承和发展了马克思主义勇于自我革命的光荣传统和政治优势。百年风霜雪雨、百年大浪淘沙、百年励精图治,党能够克服一个又一个困难、取得一个又一个胜利,关键在于始终坚持真理、修正错误,勇于刀刃向内、刮骨疗毒,从而保证了党长盛不衰、不断发展壮大。

党的十八大以来,以习近平同志为核心的党中央持续深入推进新时代党的建设新的伟大工程,坚持和加强党的全面领导,坚持党要管党、全面从严治党,打出了一套党的自我革命的"组合拳":坚决清除一切损害党的先进性和纯洁性的因素，清除一切侵蚀党的健康肌体的病毒，找到了勇于自我革命这一跳出"治乱兴衰"历史周期率的第二个答案，确保党不变质、不变色、不变味；坚持以反腐败永远在路上的坚韧和执着，深化标本兼治，保证干部清正、政府清廉、政治清明，确保党在新时代坚持和发展中国特色社会主义的历史进程中始终成为坚强领导核心；坚持把不忘初心、牢记使命作为加强党的建设的永恒课题和自己的终身课题，不断自我净化、自我完善、自我革新、自我提高，确保我们党永葆旺盛生命力和强大战斗力。越是长期执政，越不能忘记党的初心使命，越不能丧失自我革命的精神。

在新的赶考之路上，我们要牢记"打铁必须自身硬"的道理，在坚持推进新时代党的建设新的伟大工程中"强体魄"，增强"四个意识"、坚定"四个自信"、做到"两个维护"，确保党中央权威和集中统一领导，从而以革命的气魄、革命的斗志、革命的智慧推动社会革命"开新局"。

三、守正创新有旗帜

我们之所以能取得伟大成就，关键在于坚持高举"两个结合"的伟大旗帜。一个民族要走在时代前列，就一刻不能没有理论思维，一刻不能没有正确思想指引。党的百年奋斗历史已经证明，中国共产党为什么能，中国特色社会主义为什么好，归根到底是马克思主义行，是中国化时代化的马克思主义行。拥有马克思主义科学理论指导是我们党坚定信仰信念、把握历史主动的根本所在。时代是思想之母，实践是理论之源。

党的十八大以来，面对国内外形势新变化和实践新要求，以习近平同志为主要代表的中国共产党人，以巨大的政治智慧和理论勇气，坚持把马克思主义基本原理同中国具体实际相结合、同中华优秀传统文化相结合，从新的实际出发，创立了习近平新时代中国特色社会主义思想，实现了马克思主义中国化时代化新的飞跃。作为立足时代之基、回答时代之问、引领时代之变的科学理论，习近平新时代中国特色社会主义思想回答了新时代坚持和发展中国特色社会主义的总目标、总任务、总体布局、战略布局等基本问题，并根据新的实践对经济、政治、法治、科技、文化、教育、民生、生态文明、国家安全、国防和军队、"一国两制"和祖国统一、外交、党的建设等各方面做出理论分析和政策指导，以全新的视野深化了对共产党执政规律、社会主义建设规律、人类社会发展规律的认识，引领党和国家事业在新时代十年取得历史性成就、发生历史性变革，谱写了经济快速发展、社会长期稳定"两大奇迹"的崭新篇章。伟大时代产生伟大理论，伟大理论指引伟大实践。

在新的赶考之路上，我们应当自觉做习近平新时代中国特色社会主义思想的坚定信仰者、忠实实践者和积极宣传者，深刻领会和准确把握"坚持人民至上、坚持自信自立、坚持守正创新、坚持问题导向、坚持系统观念、坚持胸怀天下"的世界观和方法论，继续推进实践基础上的理论创新，让马克思主义在中国大地上展现出更强大、更有说服力的真理力量和实践伟力。

四、自信自强有目标

我们之所以取得伟大成就，关键在于符合中国国情的伟大目标——实现中国式现代化。百年来，我们党团结带领人民所进行的一切奋斗，就是为了把我国建设成为社会主义现代化强国，实现中华民族伟大复兴。进入新时代以来，党对全面建设社会主义现代化国家的认识不断深入、战略不断成熟、实践经验不断丰富，成功推进并拓展了中国式现代化。蓝图已经绘就，号角已经吹响。党的二十大报告对"中国式现代化"的系统阐述，高瞻远瞩、催人奋进。中国式现代化是人口规模巨大的现代化，是全体人民共同富裕的现代化，是物质文明和精神文明相协调的现代化，是人与自然和谐共生的现代化，是走和平发展道路的现代化。以中国式现代化全面推进中华民族伟大复兴，不仅让新时代新征程党和国家事业发展的方向更明、思路更清、信心更足，还创造了人类文明新形态，拓展了发展中国家走向现代化的途径，为解决人类问题贡献了中国智慧和中国方案。

迄今为止，全球实现现代化的国家和地区人口约为10亿，中国14亿多人口整体迈入现代化，必将彻底改写现代化的世界版图，成为人类发展史上前所未有的伟大创举。中国式现代化是一项伟大而艰巨的事业，唯其艰巨，所以伟大；唯其艰巨，更显荣光。在新时代新征程，我们必须坚定志不改、道不变的决心，牢牢把握中国式现代化的中国特色和本质要求，把中国发展进步的命运牢牢掌握在自己手中，勇于迎接各种风险挑战，坚持以中国式现代化推进中华民族伟大复兴，奋力谱写全面建设社会主义现代化国家的新篇章。

第二部分　党建思政评论和理论文章

中国青年报

以"三个务必"引领新时代青年担当作为

刘三宝

（2023年1月31日）

思想政治工作是学校各项工作的生命线，事关社会主义高校"培养什么人、怎样培养人、为谁培养人"的根本使命，事关党和人民事业后继有人这一根本大计，事关中华民族伟大复兴中国梦的实现。习近平总书记在党的二十大报告中强调，"全党同志务必不忘初心、牢记使命，务必谦虚谨慎、艰苦奋斗，务必敢于斗争、善于斗争"[1]。这一重大论断既彰显了中国共产党在新时代新征程对管党治党的高度警醒和深邃思考，又为筑牢高校思想政治工作生命线、引领新时代青年担当指明了前进方向，提供了根本遵循。

引领广大青年强化政治认同，时刻保持踔厉奋发的姿态和韧劲

世界之变、时代之变、历史之变正以前所未有的方式展开，各种风险挑战也正考验着各国执政党的执政能力和领导水平。把握新时代特征，激励广大青年"践行初心、担当使命"，关键在于强化青年学生对中国共产

---

[1] 习近平. 高举中国特色社会主义伟大旗帜为全面建设社会主义现代化国家而团结奋斗——在中国共产党第二十次全国代表大会上的报告[J]. 中国人大，2022（21）：6–21.

党的认同,讲清楚"中国共产党是什么、要干什么"这一根本问题。

"是什么"是由党的性质、宗旨决定的。只有知晓我们党"是什么",才能自觉对党的初心产生认同,才能将实现自我人生价值与实现党的初心结合起来;"要干什么"是党的奋斗目标、使命任务所在。只有明确我们党"要干什么",才能深刻领会我们党"全心全意为人民服务"的宗旨和以人民为中心的发展思想,才能引导青年自觉成为中国共产党的坚定追随者。古今中外的历史教训警醒全党:忘记了"是什么",迟早会变质;忘记了"要干什么",早晚会迷途。

习近平总书记指出,中国梦是历史的、现实的,也是未来的;是我们这一代的,更是青年一代的。[①]历史的接力棒已传递到新时代青年手中,广大青年要用伟大建党精神坚定理想信念,树立"为中华复兴而读书"的远大抱负,从"课堂学习"的"有字之处"着眼,从"社会实践"的"无字之书"着手,将初心和使命化为乘风破浪、披荆斩棘的勇气,化为勤奋学习、奋发作为的动力。

引领广大青年强化居安思危,时刻保持"进京赶考"的清醒和坚定

谦虚谨慎、艰苦奋斗,是党的优良传统和工作作风,是管党治党的重要法宝。"务必谦虚谨慎、艰苦奋斗"与我们党1949年从西柏坡"进京赶考"时提出的"两个务必"既一脉相承又与时俱进,是跳出"其兴也勃焉、其亡也忽焉"的历史周期率的深刻借鉴。

习近平总书记反复告诫全党:"我们党历经百年、成就辉煌,党内党外、国内国外赞扬声很多。越是这样越要发扬自我革命精神,千万不能

---

① 习近平. 决胜全面建成小康社会夺取新时代中国特色社会主义伟大胜利——在中国共产党第十九次全国代表大会上的报告[N]. 人民日报,2017-10-28(01).

在一片喝彩声中迷失自我。"① 广大青年能否把红色江山守护好、建设好、发展好，关键在于是否养成了戒骄戒躁的优良品质，是否传承了艰苦奋斗的红色基因。

2020年疫情期间，赴美留学生许可馨多次在网络上发表不当言论，引起轩然大波。无独有偶，研究生季子越在境外媒体上歪曲历史、大放厥词，最终被开除学籍。这反映了在网络信息化时代，面对纷繁复杂、隐晦多变的国内外形势和高涨喧嚣的网络情绪宣泄，少数青年学生缺乏明辨是非的能力和批判性意识，容易在热点事件中发表一些碎片化、情绪化、鼓动性的不当言论，尤其是受西方意识形态"西化""分化""淡化""融化"图谋的侵蚀，人生观和价值观不稳定，甚至存在矛盾和冲突。

没有网络安全就没有国家安全。高校要提高忧患意识，树立互联网思维和底线思维，瞄准攻击者的逻辑谬误和事实硬伤进行坚决反击；高校思政工作者要充分发挥思政课"主渠道"和日常思政教育"主阵地"协同育人作用，以学术讲政治，以故事讲道理，"面对面""键对键"开展好思政工作；广大青年要自觉认同和践行社会主义核心价值观，摒弃"骄气""娇气"和"暮气"，争做有理想、敢担当、能吃苦、肯奋斗的新时代好青年。

引领广大青年强化见识胆魄，时刻保持主动迎战的定力和毅力

敢于斗争、敢于胜利，是中国共产党人的鲜明品格和政治优势。党的十九届六中全会通过的第三个历史决议将"坚持敢于斗争"纳入"十个坚持"，为广大青年进一步发扬斗争精神、增强斗争本领提供了思想指引和行动指南。实践证明，敢于斗争、善于斗争既是历史的必然，又是现实的需要，更是对青年成长发展的要求。

在世界百年未有之大变局和实现中华民族伟大复兴战略全局的关键节点，我们不仅面临"四大陷阱""四种危险""四大不足"，还面临"黑

---

① 习近平. 以史为鉴、开创未来，埋头苦干、勇毅前行［J］. 求是，2022（1）：4-15.

天鹅""灰犀牛"等风险问题。该相信什么、不该相信什么，如何分辨形形色色夹杂着不同利益诉求的社会思潮，是摆在新时代青年面前的一项重要课题。

在庆祝中国共产主义青年团成立100周年大会上，习近平总书记寄语广大青年，"要做敢于斗争、善于斗争的模范，带头迎难而上、攻坚克难，做到不信邪、不怕鬼、骨头硬"[1]。新时代青年的光芒无比闪耀。我们看到了疫情期间逆风前行的青年志愿者、"清澈的爱，只为中国"的戍边英雄、托举起航天之梦的科研工作者以及为乡村教育点亮灯盏的支教老师。同时我们也要意识到，风险挑战面前，视而不见不行，躲避退让也不行，逡巡踯足同样不行，唯有敢于斗争，才能闯过关隘。

广大青年要做政治上的清醒人，面对国外敌对势力"抹黑""歪曲""甩锅"等荒谬言论和仇视行为，要理直气壮地予以驳斥；要做思想上的明白人，面对网络上隐匿性、煽动性和欺骗性的信息，要切中要点、直击痛点、回应关切；要做行动上的有心人，要围绕中华民族伟大复兴战略全局和全面建成社会主义现代化强国的总的战略安排，在党和人民最需要的地方矢志奉献，在担苦担责担难中经受考验。

---

[1] 习近平. 在庆祝中国共产主义青年团成立100周年大会上的讲话[J]. 中国共青团，2022（10）：1-5.

第二部分　党建思政评论和理论文章

大学生评论大赛

勤掸"思想尘"　常吹"自省风"

万浩然

（2023年2月10日）

治国必先治党，党兴才能国强。近日，电视剧《狂飙》热播，其中一句台词给我留下了深刻印象："打伞破网，刀刃向内，挖得越深，叫疼的人就会越多。"习近平总书记在二十届中央纪委二次全会上强调，反腐败斗争形势依然严峻复杂，遏制增量、清除存量的任务依然艰巨。全面从严治党永远在路上，要时刻保持解决大党独有难题的清醒和坚定。

固本培元，把稳思想之舵。要一体推进不敢腐、不能腐、不想腐，必须深化标本兼治、系统治理。"三不"是一个有机整体，不能人为划分阶段、割裂环节。要注重统筹衔接，三者同时发力、同向发力、综合发力，才能将党风廉政建设与经济社会发展统筹部署，实现政治、纪律、社会的有机统一。2022年，《关于办理国有企业管理人员渎职犯罪案件适用法律若干问题的意见》正式印发施行，这是国家监察委员会印发的首个针对职务犯罪实体认定的指导性文件。从金融领域反腐力度不断加强，到深入开展国有企业管理人员腐败问题专项整治，再到聚焦于权力集中、资金密集的各个部门和领域，中央纪委国家监委和各级监察机关坚持将"三不"贯穿日常监督执法的全过程，坚定不移向人民群众宣告：公平正义就在身边。

廉洁自省，紧绷纪律之弦。要把纪律建设摆在更加突出的位置，才能始终统一思想、统一意志、统一行动。我们党是靠革命理想和铁一般的纪律组织起来的马克思主义政党，纪律严明是党的光荣传统和独特优势，也是我们党不断从胜利走向胜利的重要保障。党的二十大报告强调，要"坚持以严的基调强化正风肃纪"。[1] 新征程上，必须坚持全面从严、持续从严、永远从严，把严的要求、严的标准、严的措施贯彻到管党治党的全方位、全覆盖、全过程，才能充分发挥纪律建设的治本作用。新时代中，党要有新作为新气象，必须靠严明的纪律作保证。党中央制定《关于新形势下党内政治生活的若干准则》，出台《中国共产党党内监督条例》，通过《中国共产党廉洁自律准则》，坚持正面倡导，为广大党员树立看得见、够得着的高标准。只有每位党员坚持高线、不越红线、不触底线，才能维护好党内风清气正的政治生态。

自我革命，筑牢反腐之堤。党的二十大报告指出，"反腐败是最彻底的自我革命"。[2] 发扬自我革命精神，就是要激发广大党员的积极性、主动性、创造性。党的百年历程告诉我们，自我革命就是要勇于革除那些落后于时代进步的思想观念，确保思想理论始终走在时代潮流的前列。无论是1941年的延安整风运动，还是1978年12月召开的党的十一届三中全会，我们党正是一次又一次地革除那些落后于时代的"思想病灶"，才得以生机焕发、朝气蓬勃。党的十八大以来，我们党开展了史无前例的反腐败斗争，"打虎""拍蝇""猎狐"多管齐下，促使党在革命性锻造中更加坚强。今年春节期间，湖南省十二届纪委三次全会现场播放了专题片《忠诚与背叛——2022湖南反腐警示录》；此前，江西、海南等地也纷纷推出多个正风肃纪反腐实践专题片。片中披露的一条条案例时刻警示我们，当前反腐败斗争形势依然严峻复杂，增量虽有发生，但党中央对反腐败斗争的态度、决心和力度始终没有改变。新时代十年，党中央坚持刀刃向内、刮骨疗毒，以"明知山有虎、偏向虎山行"的勇毅决绝，坚定不移地正风肃纪反腐；

---

[1] 习近平.高举中国特色社会主义伟大旗帜为全面建设社会主义现代化国家而团结奋斗——在中国共产党第二十次全国代表大会上的报告[J].中国人大，2022（21）：6-21.

[2] 同上。

站在"两个一百年"奋斗目标的历史交汇点上,我们必须保持战略清醒、战略定力和战略自信,铆足知难而进、迎难而上的劲头,使党永葆清正廉洁的政治本色,把党的伟大自我革命进行到底。

为者常成,行者常至。踏上新的赶考路,每一位党员都责任重大、使命光荣。因此,我们必须深刻认识"四大考验"的长期性和复杂性、"四种危险"的尖锐性和严峻性,不断探索实现自我净化、自我完善、自我革新、自我提高的有效路径。

深入学习贯彻习近平文化思想·东湖评论

以"三个融合"赋能高校网络思政创新[①]

刘三宝

（2023 年 10 月 20 日）

时代是思想之母，实践是理论之源。习近平文化思想为做好新时代新征程宣传思想文化工作、担负起新的文化使命提供了强大思想武器和科学行动指南。随着智媒时代的到来，全媒体生态改变了信息的传播方式，重塑了社会话语的生成与传播机制，对受众的价值选择和思想行为产生深刻影响。党的二十大报告指出："意识形态工作是为国家立心、为民族立魂的工作。"[②] 实现网上与网下思想政治工作、意识形态工作在效用、效率和效益上的相互作用和相互补充，构建网上网下协同育人的新格局，是系统化推进"时代新人铸魂工程"、推进高校网络思政创新的必然选择。

加强传统媒体与新兴媒体的融合。习近平总书记在全国宣传思想工作会议上指出："宣传思想工作是做人的工作的，要把培养担当民族复兴大

[①] 本文系 2021 年度教育部人文社会科学研究专项任务项目（高校辅导员研究）"新媒体时代高校意识形态安全防控机制研究"（21JDSZ3082）的阶段性研究成果。

[②] 习近平.高举中国特色社会主义伟大旗帜为全面建设社会主义现代化国家而团结奋斗——在中国共产党第二十次全国代表大会上的报告［J］.中国人大，2022（21）：6-21.

任的时代新人作为重要职责。"①党的十八届三中全会也提出,要整合新闻媒体资源,推动传统媒体和新兴媒体融合发展。但无论媒体形态如何变化,内容始终是立身之本。经过长期的积淀和检验,传统媒体不断迭代升级,不同媒介开始从内容、技术、功能等方面进行融合,形成了"全球、全民、全媒"的多维立体式现代化思想传播体系。特别是传统媒体和新兴媒体在语言表达、传播形式和表现风格上相互融合趋势明显,如"洪荒之力""给力""点赞""蛮拼的"等网络词语频频被主流媒体使用。不可否认,传统媒体的核心竞争力是价值引领力和内容生产力,新兴媒体的竞争优势是信息实时、形式多样、个性化突出。媒体融合发展背景下,传统媒体和新媒体是互补而不是对立,是合作共赢而不是非此即彼,是对话合作而不是战略转移。高校要强化互联网思维,树立融媒体发展观念,改变过去媒体单向传播、受众被动接受的方式,更加注重用户体验,满足多样化、个性化的信息需求。传统媒体可以利用新兴媒体进行文字、图像、声音以及图表等形式的融合报道,使得用户得到更好的体验;新兴媒体可以充分发挥传统媒体精耕细作的专注精神和品牌影响力,创作更多有价值、有深度、有广度、有情怀的高质量信息内容,而"不再把信息采集、加工作为唯一标准,体现出'超越报纸'的自觉,实现'好内容'与'好载体'的完美契合。"

加强阵地引领与技术应用的融合。习近平总书记在网络安全和信息化工作座谈会上指出:"网络安全和信息化是一体之两翼、驱动之双轮,必须统一谋划、统一部署、统一推进、统一实施。"②毋庸置疑,大数据、云计算、物联网、区块链、人工智能等新兴技术的广泛应用,有力推动了传统媒体朝着数字内容产业这个势不可挡的趋势发展。以大数据、智能算

---

① 习近平:举旗帜聚民心育新人兴文化展形象更好完成新形势下宣传思想工作使命任务[J].紫光阁,2018(9):7-8.

② 新华网.中央网络安全和信息化领导小组第一次会议召开 习近平发表重要讲话[ED/OL].(2014-02-27)[2023-10-16].https://www.cac.gov.cn/2014-02/27/c_133148354.htm.

法为代表的技术支持必将为推动高校网络思想阵地建设与数字媒体融合带来深层次的理念更新、技术革新与模式创新。一方面，高校要加强新媒体平台建设，坚持移动为先，提升互联网宣传工作的到达率、有效性和认知力；要认真甄别各类信息平台的内容，明确哪些需要传播，哪些不需要传播，做到心中有数，营造网络文化健康、网络环境清朗的舆论生态；要加强传统媒体与新兴媒体技术的融合，既要充分发挥传统媒体品牌权威性、内容深度性、价值稳定性等优势，又要主动适应新兴媒体超地域、扁平化、交互性、大众化传播的特征，着力打造具有强大凝聚力和引领力的新型主流媒体。另一方面，除了要"安营扎寨、稳扎稳打"善打"阵地战"，也要"机动灵活、协同联动"能打"运动战"，还要"久久为功、保存实力"坚持"持久战"，探索构建深受青年师生关注、体现青年师生特点的专业化、深度化的专题；要管好舆论宣传阵地，切实用好QQ空间、抖音、快手、小红书、微博、微信、知乎、B站等商业化、社会化的新媒体社交平台，实现主流意识形态信息更广泛精准的覆盖。

　　加强常态应急与长效防控的融合。习近平总书记在省部级主要领导干部专题研讨班上强调，"要完善风险防控机制，建立健全风险研判机制、决策风险评估机制、风险防控协同机制、风险防控责任机制，主动加强协调配合，坚持一级抓一级、层层抓落实"。高校常态化应急联动和长效化防控举措机制不能囿于"说在嘴上、印在纸上、挂在墙上"等形式主义做派，而是要以信息互通、资源共享、协调有序、应对有力、务实高效为原则，确保高校意识形态安全保持长期稳定向好态势。一方面，高校要保持政治清醒，坚定"防"的决心。意识形态安全防控绝非可有可无、虚无缥缈，意识形态安全形势绝非风平浪静、一片大好，意识形态风险挑战绝非只发生于高校院墙之外。只有不断强化"防"的意识，筑牢思想阵地、网络阵地和舆论阵地，旗帜鲜明地同错误思潮开展话语博弈，抢占网络意识形态制高点，才能够坚决抵制"淡化意识形态""虚化意识形态"和"西化意识形态"思潮。另一方面，高校要保持头脑清醒，夯实"防"的举措。高校要始终牢记习近平总书记"针尖大的窟窿能漏过斗大的风"的谆谆告诫，人防治理上落实主体责任，物防治理上筑起安全防线，技防治理上健全预警机制，切不可在事关意识形态安全问题上放松警惕、丧失原则，及时做到应急处理不缺位、预测预警不滞后，彻底堵塞"安全漏洞"，实现跨地域、跨系统、跨部门的协同防控和风险治理。

中国教育报

扛起培根铸魂育新人的时代责任

刘三宝

（2023 年 8 月 31 日）

纵观历史，世界一流大学都以助力国家发展为最高追求，以培养一流人才为己任。深入实施"时代新人铸魂工程"，推动高校思政课显性教育与隐性教育并行，促进思政课程与课程思政同频共振，实现思政工作与价值塑造有机统一，是构建大思政协同育人新格局、培养担当民族复兴大任的时代新人的必然要求。

润物无声，注重思政课显性教育中的隐性渗透。"显"与"隐"是双向同构的，而非单一孤立的。习近平总书记强调，"要不断增强思政课的思想性、理论性和亲和力、针对性"。其一，纵观我国思政课教育教学的历史，显性教育形式长期居于核心位置。思政课的本质是讲道理，用马克思主义理论武装青年学生头脑，激发青年学生强烈的国家认同感和奋勇拼搏的进取动力。但也要注意充分关注思政课中的隐性教育因素，把道理讲深、讲透、讲活，而不是一味采取填鸭式、硬灌式的方法进行，尽可能避免受教育者对显性教育产生厌烦情绪和逆反心理，努力打造内容精良、设计精巧、讲授精准、形式精美、显隐同行的思政"金课"。其二，思政课教师的思想政治素质和师德师风关乎学生成长成才，关乎社会文明风尚，关乎国家长治久安。思政课教师要增强主动性、掌握主动权、打好主动仗，跳出传统的"单兵作战"认识误区，逐渐将职业认识从"教书匠"向"教育家"转变，将授课目标从理论灌输向能力培养转变，将自身定位从知识占有者、知识传授者、课程执行者向学习活动组织者、学习引导者、课程开发者转变，按照"政治强、情怀深、思维新、视野广、自律严、人格正"的要求，争做学生为学、为事、为人的典范，在更多学生心里种下真善美的种子。

深度挖掘，注重各类课程思政元素的同频共振。习近平总书记指出，"其他各门课都要守好一段渠、种好责任田，使各类课程与思想政治理论课同向同行，形成协同效应"。无论是从育人内容上，还是从育人形式上，所有课堂都有育人功能，因此不能把思政教育只当作思政课教师的事。其一，课程思政是引导教师自觉统一"教书"和"育人"的重要举措，高校要遵循学科、专业、课程一体化建设的内在逻辑，制定个性化、有特色的课程思政建设方案，促进包括通识课、专业课在内的各类课程与思政教育有机融合，确保思政课程与课程思政有机联动，各门课程始终坚守价值底线，引领学生建立正确认知，做到学、思、用贯通，知、信、行统一。其二，课程思政要将思政元素像"盐溶于水"一样融入教育教学，将知识传授由单一的灌输式转变为说服式、交流式，将晦涩拗口的学术话语转变为具有中国特色、中国气派、中国风格的生动话语，做到有理有据、有虚有实、有滋有味、有声有色，既要让学生明白抵制什么、反对什么、批驳什么，又要让学生明白坚持什么、巩固什么、发展什么，引导学生扣好人生第一粒扣子。

旗帜鲜明，注重思政工作与价值塑造的有机统一。思政工作的过程，是价值塑造的内化和外化过程。答好"培养什么人、怎样培养人、为谁培养人"的时代考卷，是中国特色社会主义教育事业的根本问题。其一，坚持将"立德树人"育人理念融入思政教育始终，既要建立起不同职能部门协同议事的组织框架，又要充分发挥院系、支部、教师、学生的主体作用，围绕学生、服务学生、关照学生，推进"三全育人、五育融通、师生融乐、全面发展",着力发挥思想政治引领的"联排效应"和"示范效应"。其二,以培养担当民族复兴大任的时代新人为核心,发挥思政教育的"大熔炉"作用,理直气壮地占领线上线下阵地,破历史虚无主义、立历史唯物主义,驳西方舆论诋毁、树中华民族形象,弃精致利己主义、扬实干担当品格,引导学生将价值、知识和能力融为一体,重点讲清楚"中国共产党为什么能、马克思主义为什么行、中国特色社会主义为什么好"这三个时代命题,增强学生的政治认同、思想认同、理论认同和情感认同。

华中农业大学文化建设回顾·思考展望

网络新媒体的发展对大学文化建设的冲击与应对

刘三宝

（2023 年 10 月 31 日）

一个前进的时代总有一种向上的精神，一个发展的社会总有一种积极的主流。纵观世界一流大学，大学文化是大学赖以生存与发展的灵魂，文化竞争力已成为大学核心竞争力的重要标志。一流的大学文化对"双一流"建设至关重要，尤其在培养和造就优秀人才方面扮演着极其重要的基础性角色。然而，网络是一把双刃剑，既可以为大学所用，又会给大学带来一定的负面影响。新媒体的迅猛发展不仅极大地改变了新闻传播和新闻的生长方式，还深刻地改变了舆论生态和媒体格局，还逐渐改变了人们的生活习惯、品位情趣和认知态度。

一、网络新媒体对一流大学文化建设的冲击

在网络新媒体的背景下，人们处于"信息爆炸"状态，信息传播也呈现裂变效应。各种错误社会思潮在多样外壳的裹挟下趁机散播到高校校园，给大学文化建设和意识形态安全带来诸多挑战。其中既有"新瓶装旧酒"的传统安全风险，又有"新瓶装新酒"的新型风险。

第一，从整体舆论环境维度看。当前网络意识形态较量总体呈现"西强我弱""西攻我守"的基本态势。网络的消极面给大学文化建设带来了新的挑战，大量的异质信息冲击着大学。现有互联网信息中，80%由美国提供，90%以上为英语，我国的信息输出量不到全球信息量的1%（"党的建设科学化"课题组，2013）。在复杂多变的社会网络环境下，网络空间的虚拟化为个人隐匿身份提供了"保护伞"，导致具有专业背景、有一定公信力的诠释主体对网民更具影响力，极易引起民众的"共识"。于是，一些大学在追求物质利益的道路上全然不顾其精神世界的安危，一些错误社会思潮也伺机在高校青年学生群体中大做文章，使得部分学生更多地看重对物质利益的攫取，轻视或忽视理想信仰及人格健全对于人生存与发展的重要意义，最终导致其信仰缺失、精神萎靡，误入歧途。

第二，从新媒体自身维度看。互联网技术不会自动塑造价值，也不会自动产生理想，需要我们尽早为之设计规范。在计算机技术与新媒体大数据分析技术等在教育界广泛应用之后，社会主义主流意识形态安全面临着一系列挑战，主要包括：新媒体的去中心化导致非马克思主义社会思潮渗透加剧，高校主流意识形态工作的领导权和主导权面临威胁；新媒体传播的开放性特征使得网络空间充斥着海量的、良莠不齐的信息，而这些信息为各种不同的舆论和信息提供斗争、碰撞的平台；新媒体的后台操控对高校主流意识形态产生冲击，消解了主流意识形态的凝聚力和影响力；网络法律法规不完善，新媒体平台"把关人"传播素养有待提升等因素也决定了新媒体无法完全取代传统主流媒体。

第三，从高校意识形态安全维度看。思想防线是一个前沿阵地，前沿阵地一旦失守，其他防线也很难守住。当前高校意识形态工作存在诸多不足，如意识形态工作队伍数量不够、质量不齐，对校园主流思潮学术理论基础分析的能力欠缺；部分高校围绕意识形态风险防范没有建立统一指挥、统筹部署的工作机制，组织性与指导性不够，职责划分不清楚、职责链条没有建立，意识形态的教育建设容易产生"缺位""错位"问题。特别值得注意的是，网络意识形态的开放性、多样性和"反权威"对主流意识形态认同的威胁不容小觑。少数学生对社会主义建设的长期性、复杂性、曲折性认识不足，谈起西方的电影电视、明星音乐、动漫游戏如数家珍，对于中华优秀传统文化以及民族精神的瑰宝却知之甚少，对于本国的政治制度、社会主义市场经济以及教育体制等方面认识不足。

二、坚持一元主导与多样发展相统一引领一流大学文化建设

一元主导与多样发展是我国意识形态领域的标志性特征。"一元"就是以马克思主义为指导、处于统领地位的主流意识形态，"多元"就是除主流意识形态外的其他多种形式的社会意识形态。一个国家如果失去了意识形态领域内统一的指导思想，动摇了网络主流意识形态话语的权威性、可靠性，整个社会就会陷入一盘散沙，不仅党的执政地位无法巩固，还可能导致政府陷入"塔西佗陷阱"。因此，一流大学文化建设要坚持以习近平文化思想为指导，着力建设具有强大凝聚力和引领力的社会主义意识形态。

第一，坚持多样发展要彰显包容性。任何一种先进的主流意识形态都绝不是狭隘的观念，它必须具有包容性。马克思主义理论本身是在博采众家之长中发展成熟，始终吸纳人类最先进的思想文化和文明成果来完善和发展自己，并通过对时代重大问题的回答不断推进自身理论的发展。中华文明源远流长、博大精深，是几千年来唯一没有中断、发展至今的文明。中华优秀传统文化历来推崇的"和合"文化中也蕴含着包容开放的基因。"和"是建立在"不同"基础之上的和谐，要求容纳别人、谅解别人，进一步则是欣赏别人，也就是"各美其美""美人之美"。因此，我们不能将多样性视为"洪水猛兽"而全部拒之门外，更不能片面地把它当成改革开放资产阶级自由化的不良产物。高校网络意识形态建设同样如此。没有"兼容并蓄"的"一元主导"，意识形态建设就会与大学的办学宗旨相违背，就会失去生机和活力，就会陷入同质和孤立。且"多样"也是有性质要求的，不同的声音应该得到尊重，但话语权一定要牢牢掌握在党和人民手里，不能不加选择地包容任何异质的声音。

第二，坚持多样发展要突出引领性。社会思潮是一种"群生植物"。它从来不是孤立存在的。各种社会思潮彼此间互动、激荡，其中既有正确的、进步的、积极的、向上的社会思潮，又有错误的、落后的、保守的、反动的社会思潮。如果利用得好，它就是自身成长的一剂良药，促使自身在共存中共荣，不断走向完善；如果利用得不好，它也会成为社会"变革"的导火线，诱发各种矛盾，使得自身在社会思潮的竞争中失去主导地位，被社会思潮所替代。苏联的兴衰史表明，"绝对一元化"使苏联失去了生机和活力并走到灭亡的边缘；而"完全多元化"也没能挽救苏联于危亡反而加速了苏联社会主义的毁灭。在新媒体的冲击下，传统媒体的垄断优势和渠道优势逐渐消失，高校意识形态话语权"软化、虚化、弱化、泛化"现象一定程度的存在，一些错误的、消极的多元化社会思潮隐藏在网络背后，影响着大学生的感性倾向认知。失去"一元主导"的统领，意识形态建设就会丧失灵魂和方向，"资产阶级自由化""极端民主化""民族虚无主义""全盘西化"等思潮就极有可能死灰复燃，必然导致思想混乱、政局动荡。"尊重差异，包容多样，绝不是允许各种反马克思主义的社会思潮滋长，更不允许动摇我们的主流意识形态。"

第三，坚持多样发展要体现有序性。新媒体时代万物互联，各种思潮激烈碰撞，青年一代的思想主体性更强，更易接受多元、多样、多变的文化，传统的意识形态说教已经难以奏效。但文化多样性必须以合法性、有序性为前提，必须在一定的规则下进行。如果一个社会缺乏统一的指导思想和价值导向，社会运转就会陷入混乱。因此，高校必须以坚定的立场、积极的态度、有力的措施回应和批判诸如马克思主义"过时论""失败论""终极论"等错误思想观点的冲击和挑战，不断将马克思主义理论与中国实际相结合，用师生听得懂、乐意听的方式通俗化、大众化地传播好马克思主义，实现意识形态工作之"虚"与现实生活之"实"的有机对接；要加强青年学生爱国主义教育和知法懂法守法教育，讲好中国法治故事，传播中国法治声音，引导青年学生争做法治建设的忠实崇尚者、自觉遵守者、坚定捍卫者。

第四,坚持多样发展要增强斗争性。意识形态话语的交锋、队伍的较量、阵地的争夺,不在"诛人",而在"诛心"。从马克思主义诞生之日起至今,反社会主义意识形态从未放弃过对马克思主义的批判、围剿和扼杀,手法花样不断翻新,方式方法愈加直接。敢于斗争、敢于胜利,是中国共产党人的鲜明品格和政治优势。没有斗争,就没有胜利,就没有今天的一切。新时代的社会主义高校更是要坚持正确办学方向,旗帜鲜明地开展意识形态斗争,依托新媒体主动回击网络错误思潮,努力消除非马克思主义思想对青年的不利影响;要坚持在多元中立主导,在多样中谋共识,在多变中把方向,实事求是地向青年学生讲清楚中国共产党为什么"能",中国特色社会主义为什么"好",归根到底是因为马克思主义"行";要增强斗争本领,多经"风吹浪打",多捧"烫手山芋",多当几回"热锅上的蚂蚁",不信邪、不怕鬼、不怕压,在实践中锤炼敢于斗争的政治自觉、思想自觉和行动自觉。

荆楚网

华农经管院以"党建+"为三全育人注入源头活水

丁 洁 万浩然

（2023年11月13日）

华中农业大学经济管理学院党委积极履行"为党育人、为国育才"的职责使命，着力构建"党建+"的育人新模式，形成"三全育人、五育融通、师生融乐、全面发展"育人新格局。学院巩固了毕业前"临别党课""红色家书""红色导师"等党建与思想政治工作亮点和特色品牌。其中，农业经济管理系教工党支部、湖北农发中心研究生第一党支部获批全国党建工作样板支部，研究生支教团党支部获评"湖北省先进基层党组织"，并培养了"感动中国年度人物"徐本禹等一批先进典型。

临别党课：在变化的舞台坚守不变的初心

"如何做好农经研究？要始终秉承跑产区、走农户、田间地头得真知灼见的态度，以及奔东西、赴南北为'三农'保'价'护航的信念……""学术之路就是要始终做脚下踩泥的研究，成长之路就是要做难事成大才。"2023年6月20日，一堂生动的大学"临别党课"在图书馆报告厅举行。学院经济学系教工党支部书记李剑教授结合自身经历，围绕"与祖国同行，立时代新功"主题，面向全体毕业生党员作分享。

2022年6月15日，博士毕业生党员郑宏运在毕业前"临别党课"现场，回顾十年求学时光，从"追忆入党初心，做坚定信仰者""立志'三农'研究，做忠实践行者""勇担时代重任，做接续奋斗者"三个方面，鼓励全体毕业生党员要用脚步丈量祖国大地，用青春发掘中国精神，用耳朵倾听人民呼声，用内心感应时代脉搏，把对祖国血浓于水、与人民同呼吸共命运的情感贯穿学业全过程、融于事业追求中。

师生党员连续13年同上大学毕业前"临别党课"，引导毕业生党员坚定理想信念，这是学院党委培养学生情系"三农"的缩影。

近年来，学院将党性教育与耕读实践紧密结合，创新学习教育载体，厚植爱农情怀，担当兴农使命，使"弘农学，扬国光，日新永无疆"的理念深入人心，一批批学子主动到祖国和人民需要的地方绽放青春风采。

红色家书：在红色基因中汲取奋进力量

"孙女，人生要走的路很长，希望你继续努力，坚持自我，做一个自信又坚强的人，做一个对国家有用的人。"本科毕业前夕，赵雯歆收到了一封"红色家书"，爷爷以一名退伍老兵和老党员的身份，给即将大学毕业的她写来一封饱含深情的书信。此后，每当遇到思想上的困惑和成长过程中的挫折时，她都会想起爷爷对她的支持和鼓励，汲取精神力量继续前行。

学院党委发起"红色家书"活动，邀请学生家中的老一辈党员给学生写一封家书，弘扬红色传统，汲取奋进力量。这是学院党委构建"我来学、我来讲、我来答、我来思、我来行、我来评""六个我来"理论学习教育体系的系列活动之一。

学院注重弘扬优良传统，开展"红色家书"活动在红色基因中汲取奋进力量的同时，积极践行习近平总书记给本禹志愿服务队回信精神，牢记"与祖国同行，为人民奉献"的殷殷嘱托，传承志愿服务精神。

在学院的统一安排下，刚入学的刘笑同学观看了讲述"感动中国人物"徐本禹志愿支教事迹的话剧《牵挂》，志愿服务的种子逐渐在心中生根发芽。在校期间，她累计组织和参与志愿活动300余次。大四时，刘笑主动申请到最艰苦的地方支教。支教结束后，刘笑回校攻读硕士研究生，继续积极参与社会实践和志愿服务活动。她说："我要认真学习，毕业后将知识和技术带去农村。"

红色导师：种下的是红色的种子

"身处大山深处，通过实地调研走访，我切切实实地感受到乡村教育振兴的重大意义。"2023级研究生宫照伊湄赴贵州支教一年后，在思想汇报中写下自己的实践感受和收获。

红色导师项朝阳看完宫照伊湄的思想汇报后，对她将理论与实践相结合表示肯定。项朝阳谈道，一届届志愿者们无私的奉献不仅改变了山区孩子的命运，还影响了一批又一批华农学子，这正体现了志愿者们身上的"自找苦吃"精神，也让华农真正成为一所有'大爱'的高校。

学生党员定期进行思想汇报，红色导师予以指导点评，学院联合省级新闻网站荆楚网推出"红色导师·思想汇报"专栏，进行宣传示范，这是学院实施党建质量提升源头工程，落实红色导师制度的具体举措。

为加强对学生的价值引领和思想引导，学院党委选拔一批党性强、业务精、有威信、肯奉献的党员教师担任红色导师，每名红色导师对接10名学生，按照"一二三四"工作法，即坚持思想政治引领的1条工作主线，每年至少开展2次谈心谈话，参加3次面对面"红色沙龙"，指导结对学生撰写4篇高质量的思想汇报，为学生导思想、导品行、导学习、导规划、导就业。

目前学院已有90多名红色导师对接900余名学生，与学生一同学习、一同参与社会实践、一同开展志愿服务，全方位助力学生成长成才。

在党员教师结对学生的基础上，学院党委实施党支部"1+1+1"结对共建，每个教工党支部对接联系 1 个本科生党支部、1 个研究生党支部，以联合开展理论学习、实践调研、师生融乐活动、职业生涯辅导等形式，加强教工支部、学生支部之间的联学联动，促进五育融通、师生融乐、互学相长。

"教育无小事，事事皆育人"，学院党委充分发挥党建引领作用，主动扛起培根铸魂育新人的时代责任，将"党建+"贯彻落实到育人的生动实践中。一堂毕业前"临别党课"的临行叮嘱，一封"红色家书"的深情鼓励，一批"红色导师"的结对指导，党建与育人的融合体现在学生成长的每一步，"党建+"为三全育人注入源头活水。

大学生网评大赛·理论评论

五育融通
培养担当民族复兴大任的时代新人

万浩然　刘三宝

（2023年11月30日）

党的二十大报告指出："教育是国之大计、党之大计。培养什么人、怎样培养人、为谁培养人是教育的根本问题。"[1]高校落实立德树人根本任务，培养德智体美劳全面发展、担当民族复兴大任的时代新人，不仅影响着每一个个体的成长轨迹，还关乎着国家和民族的未来发展。随着时代的发展和人才培养模式的变迁，我国教育经历了从"三育"并重，到"四育"并提，再到"五育"并举的发展历程，对全面发展之人的理解也日臻完善。"五育融通"适应了新时代人才培养的新要求，是指将德育、智育、体育、美育和劳育有机地融合在一起，使其相互促进、相互渗透，形成一个统一整体的理念和实践。坚持五育融通，反映了对全面发展之人的新追寻。它更多强调的是关联性与整体性，而不是德、智、体、美、劳五个方面的简单相加；它希望打破传统教育模式下各学科之间的壁垒，加强联系与互动，从而促

---

[1] 习近平.高举中国特色社会主义伟大旗帜为全面建设社会主义现代化国家而团结奋斗——在中国共产党第二十次全国代表大会上的报告[J].中国人大，2022（21）：6-21.

进学生全面发展，以应对日益复杂多变的社会与人生挑战。总体来说，五育的目标和任务是一致的，都是希望通过知识传授、能力培养和价值塑造，实现人的综合全面发展；它们的内容和功能是互通的，每种教育都包含着其他几种，只要有一种教育缺失，都会影响整体育人质量。

以德育为先，塑造健全人格。北宋著名政治家司马光在《资治通鉴·周纪》中写道："才者，德之资也；德者，才之帅也。"意思是才能是品德的支撑，品德是才能的统帅。司马光的人才思想是以德为先，而育人的根本也在于立德。立德不仅对个人发展和幸福具有重要意义，还是社会和谐稳定的坚实基础。只有坚持在品德修养上下功夫，才能教育和引导学生形成正确的"三观"、塑造健全的人格。因此，高校要始终把德育放在首要位置，处理好德育与教育、德育课程与其他课程之间的关系；要完善德育内容，坚持课程思政与思政课程相结合，用党的思想铸魂育人，积极推进习近平新时代中国特色社会主义思想进教材、进课堂、进头脑；要立足校本特色，挖掘红色资源，让学生在润物细无声中得到文化的熏陶和思想的洗礼；要创新德育方法，坚持线上与线下相结合，理论与实践相结合，整合新媒体平台资源，通过精心策划和制作具有吸引力的多媒体内容，将德育知识、道德模范事迹、道德故事等形象生动地展示给学生，激发他们对德育的兴趣和参与度，提高育人成效。

以智育为重，培养创新能力。智是德的发展和目标，是立人之本。新时代呼唤新教育，新教育引领新模式。这种新模式是普遍式管理与个性化培养的结合，是刚性制度与柔性需求的结合。高校教师应摒弃"千人一面"的教育模式，更加注重因材施教和分类培养。例如，了解学生的学习风格和喜好，关注学生的兴趣爱好并将其融入教学；根据学生的学习水平和能力，将他们分成不同的小组进行教学；给予学生更多的自主权，鼓励学生主动参与学习，培养他们的自主学习能力和创新能力，指导学生参与创新创业赛事和科研项目；疏通师生沟通交流渠道，及时给予学生个性化的反馈，帮助他们了解自己的学习成绩和问题所在；适时为学生提供职业规划和生涯指导，帮助他们明确自己的兴趣、优势和职业目标，并提供相关资源和建议等。通过这些个性化的培养与教育方式,充分挖掘学生潜力,培养学生创新思维和创新能力,引导学生更加注重人文关怀和科学素养的养成,有效实现"千姿百态"的教学效果,打造一批符合社会主义核心价值观的育人"金课堂"。

以体育为本,强健身体素质。在分析体育与德育、智育的关系时,毛泽东明确指出:"体育一道、配德育与智育,而德智皆寄于体,无体是无德智也。"加强体育建设有利于提高人们的健康素养,形成正确的健康观。然而,当前体育教育存在诸多问题和挑战。例如,教学内容创新性不足,所学内容大多为传统套路,学生兴致不足;部分体育项目动作繁多,学生难以快速掌握;教学评价导向性不足,部分同学只关注体育学分,不注重过程锻炼。高校要重视体育课程设置,根据学生的兴趣和需求,设置多样化的体育课程,满足不同学生的不同层次需求,通过精品课程、MOOC、微课及线上课程建设,打磨出高质量的传统体育类金课;要强化体育教育的考核机制,可以采用包括考试、实践测试、体质测量等的多种评估方式,以激励学生更好地参与体育活动,确保体育课程的教学效果;要加强体育基础设施建设,建设完善的体育场地、器材和设施,引入先进的科技手段,利用VR技术、运动记录器等科技手段,对学生的体育锻炼进行跟踪和分析,为学生提供更加个性化的指导和建议;要注重推广体育文化,不仅要注重竞技运动,还要大力发展大众体育和娱乐体育,引导学生树立正确的体育观念和态度,增强学生的体育意识。

以美育为要,培养审美情趣。没有美的教育,就不可能有完整的教育。习近平总书记强调,要全面加强和改进学校美育,坚持以美育人、以文化人,提高学生审美和人文素养。美育是学生全面发展的重要组成部分,可以激发人的创造力和想象力,提升人的视野与格局。因此,高校要注重培养学生的审美能力、艺术修养和创造能力,点亮学生心灵之光,让学生近距离地感知美和体悟美,不断提升对美育教育的重视程度;要打造精品美育类社团和校园文化品牌,引导学生走出去,开展多形式的跨文化人才培养项目,策划组织、参与内容形式多样化的国际交流活动;要优化校园人文环境，通过增设文化长廊、建设文化墙、塑造雕像等渲染校园文化氛围；要挖掘不同课程的美育价值，开设好音乐、美术、书法、舞蹈等各类美育艺术课程，将美育和传统文化、非物质文化遗产相结合，在全校范围内举办茶艺、插花等活动，提升学生的人文素养，涵养自然情趣；要发挥院校特色和优势，追本溯源、探究学科发展历程，挖掘一流学科建设中的先进典型，用更多榜样和模范的生动事迹和典型案例感染学生，更好地传承和丰富校园文化。

以劳动为荣，树立劳动意识。劳动教育是基于人、培养人和发展人的教育。劳动教育影响着人的精神面貌、价值取向和技能水平，是国民教育体系的重要内容。劳动教育应由家庭、学校、社会三者协同形成合力，但目前还存在诸多问题需要正视和解决。例如，家长认知存在误区，大部分家长认为孩子只要学习好，就无须参与家务劳动，久而久之，越来越多的学生缺乏奉献意识和劳动意识；高校劳育建设存在劳育师资不够、主体协同不足、劳动教育弱化、课程设置不够系统、劳动教育实践形式单一等问题；社会对劳育的支持不够，相关主体并未充分认识劳动教育的重要性，同时缺乏职能部门来组织协调社会力量支持高校的劳动教育。因此应明确多元主体责任，家长要转变"唯分数"的观念，加强对孩子的引导，传递正确劳动观，提高学生自理能力；学校要做好顶层设计，加强对劳动教育的规范引导，深化劳动教育教学改革，加强校内校外联动，激励企业、社区、相关公共机构等配合学校进行劳动教育；农林院校还应更加注重学生传统农业文化教育，将耕读教育相关课程作为涉农专业学生必修课，积极引导学生把论文写在祖国大地上；社会要积极提供实习实践平台，使学生在实习实践中学习和运用所学知识，引导学生树立正确的劳动意识，培养学生的实践能力和团队协作精神，让他们更好地融入社会，为未来的职业发展打下坚实的基础。

省社科联网评大赛·东湖评论

擘画蓝图
向着哲学社会科学的春天进发

万浩然　刘三宝

（2024年1月6日）

哲学社会科学工作者是社会科学的实践者和推动者，承担着引领社会思潮、推动社会进步的重要职责。习近平总书记在中国人民大学考察时强调，哲学社会科学工作者要做到方向明、主义真、学问高、德行正，自觉以回答中国之问、世界之问、人民之问、时代之问为学术己任，以彰显中国之路、中国之治、中国之理为思想追求，在研究解决事关党和国家全局性、根本性、关键性的重大问题上拿出真本事、取得好成果。

方向明，关键在为党和人民述学立论。1942年，毛泽东在《在延安文艺座谈会上的讲话》中指出："为什么人的问题，是一个根本的问题，原则的问题……这个根本问题不解决，其他许多问题也就不易解决。"无论课堂内外，哲学社会科学工作者都要将坚守正确政治方向摆在首位，在始终同党中央保持高度一致上做表率。要始终坚持以人民为中心的价值立场，树立为人民做学问的深沉情怀，发现、走近、倾听与回应人民实际需求。以人民为中心从来不是抽象的，而是具体的、实在的。湖北省"第一届最美社科人"社会科学院二级研究员刘玉堂教授从人类命运共同体视角出发，让人深刻感受"楚脉"的积极意义，凝心聚力，催人奋进。习近平总书记指出，哲学社会科学研究首先要搞清楚为谁创作、为谁立言的问题。哲学社会科学工作者需要有一颗肩负伟大而光荣事业的"自觉心"，时刻保持清醒的头脑，坚定正确的方向，引领广大人民群众以奋斗创造美好生活，为党和人民的事业贡献智慧和力量。

主义真，关键在用理论精髓指导实践。作为马克思主义的忠实信徒和践行者，哲学社会科学工作者必须始终坚持马克思主义的基本原理和方法论，不断推进马克思主义的中国化、时代化、大众化。在潜心学习和研究中掌握马克思主义理论体系，认真钻研经典原著，真正学懂弄通马克思主义的精髓。同时，要做到内化于心，外化于行。在实践中，运用马克思主义的立场、观点和方法，深入分析社会现象，揭示事物本质，坚持将马克思主义作为开展哲学社会科学科研教学的行动指南，贯穿学科建设、教材编写、课堂教学、课题研究、学术交流、成果评价等各个环节，为党和人民的事业提供科学的理论支撑和实践指导。从新时代的原创性思想、变革性实践、突破性进展、标志性成果中，深刻领悟"两个确立"的决定性意义，增强"四个意识"、坚定"四个自信"、做到"两个维护"，自觉在思想上政治上行动上同以习近平同志为核心的党中央保持高度一致，用习近平新时代中国特色社会主义思想指导哲学社会科学工作。此外，哲学社会科学工作者也有责任积极宣传马克思主义，提高人民群众的理论素养和思想觉悟，推动全社会的共同进步。

学问高，关键在勤业精业中涵养学识。习近平总书记指出，哲学社会科学的现实形态，是古往今来各种知识、观念、理论、方法等融通生成的结果。哲学社会科学研究需要有扎实的学科理论基础和丰富的历史文化知识。作为哲学社会科学的研究者和管理者，社科工作者需要具备深厚的学术素养和广博的知识储备。他们需要掌握社会科学各个领域的基本理论和方法，关注国内外学术前沿和热点问题，不断提高自己的学术水平和创新能力。同时，哲学社会科学工作者还须具备跨学科的研究视野和方法论的整合能力，以更好地应对复杂多变的社会现象和问题。在此基础上，他们需要积极参与学术交流和合作，推动学术研究的国际化和现代化。湖北省

"第二届最美社科人"张俊飚教授长期钻研于"三农"领域，怀揣"改变农业、改变农村面貌"的远大志向，秉烛勤读，创新开智，持之以恒钻研世界学术前沿和国家发展需求的真问题，投身于宏伟的社会主义现代化建设事业之中。"学问高"，就是需要哲学社会科学工作者不仅要有"读万卷书"的刻苦精神，还要有"行万里路"的坚韧探索；不仅要有甘坐冷板凳的执着，还要有走进田间地头的实践积累，下苦功、练真功，创造无愧于时代和人民的业绩。

　　德行正，关键在为学为事为人中统一。习近平总书记强调，哲学社会科学工作者肩负着启迪思想、陶冶情操、温润心灵的重要职责，承担着以文化人、以文育人、以文培元的使命。作为人类灵魂的工程师和社会主义精神文明的传播者，哲学社会科学工作者必须具备高尚的道德品质和良好的职业操守，"行之以躬，不言而信"，讲究博学、笃志、审问、慎思，以高远志向、良好品德、高尚情操为社会作出表率。他们需要树立正确的世界观、人生观和价值观，保持清正廉洁的作风和严谨求实的学风。同时，哲学社会科学工作者还需具备强烈的社会责任感和历史使命感，关注人民群众的需求和利益，积极参与社会公益事业和公共事务。在此基础上，他们需要不断提高自身的道德修养和文化素养，以更好地引领社会风尚和时代潮流。

神农架网评大赛·东湖评论

农架始天成　来者自怡悦

万浩然

（2024年1月17日）

近日，涌动的东北冰雪旅游热潮，引发了一场南北互换特产的暖心互动，意外地让各地网友挖掘出家乡"隐藏款土特产"，由此拉开了一场全国特产大"摸底"。在北纬31度的中华大地上，堪称"华中屋脊"的神农架大山中，也藏着许多珍贵资源，神农架酱酒、神农架矿泉水、道地天麻、神农猕饮、有机小土豆、百花蜜……这些都是眼下极有人缘的"土特产"。在这片古老而充满生机的土地上，生态、文化和经济正在悄然融合，"土特产"赋予了神农架高质量发展的无限可能。

神农架的"土"，不仅仅是孕育万物的土壤，还是这片土地上世代相传的文化和历史。这里重峦叠嶂、河流纵横，是中华文明的发源地之一。高山谷地、高山原粮、高山泉水、高山酿造、高山坛藏……好水好粮酿就生态好酒，于原始森林中自然酿藏而来的神农架酱酒以其独特的风味特征火爆"出圈"，一举斩获"湖北省地理标志品牌金奖"。神农谷地中酿出"金疙瘩"，赢得了市场和消费者的认可。脆爽鲜美的羊肚菌、醇厚回甘的木鱼绿茶、古法养蜂的百草药蜜……取之于土地，回馈于土地，神农架人民以对土地的敬畏与热爱，守护着这些来自大山里的味道，为神农架的生态农业描绘出一幅美好的未来画卷。

从远古的神农氏尝百草，到现代的绿色农业，这片土地始终蕴含着丰富的资源和厚重的文化。作为"天然药库"，这里的草药种类繁多，品质优良，中药品种已超过 3600 种，资源总种类占全国中药资源的 1/6 以上。一批中医药博物馆、草药园场馆在这里建成，通过实物展示、图片展览、多媒体演示等多种方式，游客们可以体验草药的神奇魅力，感受中医药文化的博大精深。作为殷商文化、秦汉文化、巴蜀文化、荆楚文化的汇集地，这里地域民俗文化资源蕴藏丰富，门类繁多，保存了唐戏、皮影戏、薅草锣鼓、打火炮等具有明显地方特色的民俗风情，无不展现着神农架人民的智慧和创造力。

当前，神农架正坚定不移地走生态优先、绿色发展之路，努力将资源优势转化为产业优势。积极发展"林下经济"，引导群众发展百花蜜、中药材、珍稀菌等特色产业，通过标准化加工生产、品牌建设、市场营销等手段，提升产品附加值。依托林区优越的生态环境和丰富优质的中药材资源，打造了以生态旅游、生态康养为核心的产业链，推动旅游与文化、康养、体育、创意等相关产业的融合发展，构建起全域旅游综合产业体系。通过整合资源、加强产业链协同，产业集群逐渐壮大。这些努力不仅推动了神农架的经济繁荣，还为中国的生态文明建设提供了有益借鉴。

在推动高质量发展的大背景下，神农架的生态资源成为可持续发展的核心要素。神农架以其独特的自然资源、深厚的文化底蕴和不断壮大的产业链条，正书写着我国生态文明建设的生动注脚，成长为高质量发展的生态之巅。

> 光明日报

以新媒体矩阵赋能高校网络思政创新

刘三宝 于久霞

（2024年1月30日）

中国互联网络信息中心（CNNIC）发布的第52次《中国互联网络发展状况统计报告》显示，当前我国网民规模达10.79亿人，互联网普及率达76.4%。网络已成为广大青少年学习生活的重要空间，提高网络育人能力，扎实做好互联网时代的学校思想政治工作和意识形态工作，成为当务之急。《光明日报》多次刊发关于网络思政、思政教育的报道与文章，如《用数字化技术激活思政课新生态》《数字化赋能思政课现代化变革的三个途径》等。笔者认为，高校须坚持把立德树人作为根本任务，强化互联网思维，创新传播话语表达、拓宽传播话语载体、强化传播队伍引领，以新媒体矩阵赋能高校网络思政从"指尖"发展到"心间"。

传播话语上"改文风"，让网络思政"活起来"

网络新媒体时代，主流话语传播的叙事规则被不断改写，话语文风也不断推陈出新。青年学生更倾向于平等、活泼、有趣的交流方式。如何以新媒体增强传播话语的吸引力和感染力？一方面，运用学术讲"政理"。政治立场问题决定着理论宣传的基点和归宿。高校要高瞻远瞩、立场鲜明地讲清楚"政治"背后的"道理"，运用新媒体的传播优势引导学生在理论和实践中知其然、知其所以然、知其所以必然，让网络思政工作有底气、接地气、聚人气。另一方面，善用故事讲"事理"。网络文化的兴起带来了前所未有的主体性表达。会讲故事、讲好故事、传播好故事至关重要。只有让网络受众读懂、听懂、看懂，网络思政的引领力、传播力、影响力才会真正发挥。高校网络思政要变被动"灌输"为主动"点击"，善用言之有物的实话、言之有据的真话、言之有理的新话，把深奥的理论用生动形象的故事讲出来，用年轻人喜欢的文艺节目讲出来，用沾着泥土、冒着热气的话讲出来，让学生爱听、想听、乐于接受。

传播载体上"拓渠道"，让网络思政"融起来"

青年学生注意力在哪里，网络思政的触角就要延伸到哪里。新媒体建设注重的是多元化互动、即时化呈现、精准化传播的表达方式。如何在网络空间弘扬主旋律、传播正能量？一方面，在搭建多样化传播载体上下功夫。高校网络思政工作不是传统的官方媒体平台单向直线式"转播"，而是全媒体平台共同参与的双向交互式"直播"。高校要推动传统媒体和新兴媒体的融合，加强网络资源建设，实现校属媒体正确价值观的传达，打破"信息茧房"造成的思维固化和认知局限，尊重网络传播规律、回应时代发展需求、提升平台用户黏度，塑造可信、可爱、可敬的高校师生形象，让思想引领既有"共识"又有"共振"，既有"共鸣"又有"共情"。另一方面，在提升对外传播能力上下功夫。网络新媒体时代的世界已成为名副其实的"地球村"，高校要切实提升网络思政话语的解释力和吸引力，引导学生更加全面客观地认识当代中国、看待外部世界。

传播队伍上"聚能量"，让网络思政"动起来"

教育与其说是"一桶水"与"一碗水"的关系，不如说是发掘智慧的源头活水的过程。网络思政教育不是孤立无援、单打独斗的"独角戏"，而是线上线下、校内校外共同演绎的"协奏曲",重在建立多梯队、专业化、常态化的工作队伍,激发全员参与的动力和活力。一方面,汇聚课堂教学主渠道的"动能"。加强思政课教师队伍建设,推动习近平新时代中国特色社会主义思想进教材、进课堂、进头脑,善用互联网引导学生正确识别、区别对待、归类分析各种思潮,客观、理性、精准地揭露错误思潮的表现和危害;要建立一支专业素质过硬、潜心教书育人、深谙传播规律的课程思政教师队伍,深入挖掘学科专业的育人元素,以深刻的洞察力和超前的预判力,敢于、善于、精于同网络新媒体打交道,推动课程思政与思政课程同向同行。另一方面,积蓄日常思政主战场的"势能"。高校要打破课堂教学、党政管理和日常思政之间的壁垒,着力打造一支应对及时、工作协同、全网在线、深入学生的日常思政工作队伍,对标网络思政的新形势、新特点和新要求,从学生的心理特点、认知需求、接受习惯等角度出发,准确掌握学生的情绪变化、思想动态和利益诉求。要着力打造一支"讲政治、懂法律、懂学生、懂传播"的队伍,提高他们熟练运用网络新媒体进行主流意识形态传播的理论素养与实践能力,敏锐做好舆情分析研判,对于网络上的杂音,第一时间响应、第一时间反馈、第一时间处置,巩固壮大奋进新时代的主流思想舆论,将互联网这个"最大变量"转化为"最大正能量"。

地评线·东湖评论

商业火箭乘风起 "中国星光"精彩可期

陈思玮

（2024年2月5日）

近日，我国自主研发的力箭一号遥三商业运载火箭在酒泉卫星发射中心成功发射。五颗卫星搭乘火箭，顺利完成预定旅程，飞行试验任务获得圆满成功。中国航天事业从商业卫星发展到商业航天发射场，迎来了"井喷式"发展，这不仅提升了我国的综合竞争力，还成为推动中国社会经济发展的重要引擎。

在实践中提高风险容忍度。力箭一号运载火箭采用"一箭五星"的方式，将泰景三号02星等五颗卫星送入预定轨道。这批卫星主要用于地球探测、环保普查、科学研究等领域。此次发射是力箭一号首次在低温环境下发射，研制团队通过采用移动式环境保温厂房和通风空调等设备设施，确保了火箭和卫星的环境温度。总结近几次发射任务的经验，研制团队还通过扩展容纳卫星的空间等措施，进一步提高火箭的任务适应性。此次发射采用"包箭"模式，设计师对卫星入轨后的分离工作进行了大量优化设计，确保卫星顺利分离。

在探索中提升综合国力。党的十八大以来，我国将科技自立自强作为航天事业发展的战略支撑，不断从航天大国向航天强国迈进。此次搭乘商业运载火箭发射的五颗商业卫星均由北京微纳星空科技有限公司自主研制，其中多颗卫星平台和载荷技术填补了国内行业空白。五颗卫星中最为"重磅"的当属泰景四号03卫星，这是国内首颗商业Ku频段相控阵雷达成像卫星，可在轨快速生成图像，将在环境监测、资源勘查、农作物估产等领域发挥重要作用，目前，这一商业技术水平处于国际领先地位。中国航天项目的成功实施不仅在国内产生了积极影响，还提升了国际声誉和地位。国家航天事业蓬勃发展昭示着其广阔的未来和无限的发展空间，为我国经济社会发展注入了强大动力。

在稳步发展中展望未来。力箭一号商业火箭从建造到发射并非孤军奋战，朱雀二号等项目的不断推进标志着中国商业航天正在进入高速发展阶段。面对未来，中国航天的前景充满无限可能。随着技术不断突破和市场需求持续增长，中国商业航天将在创新、效率、性价比等方面追求更大突破。与此同时，中国商业航天也将进一步加强国际合作与交流，共同推进全球商业航天的繁荣与发展。

以梦为马，汇聚建设航天强国的磅礴力量。飞天梦，是中华民族的梦想，也是无数中华儿女的共同追求。吾辈应格物致知，秉承发扬"两弹一星"精神、探月精神和新时代北斗精神，不断探索宇宙奥秘。每一次对太空的叩问，都是下一次探索的起点。中国商业航天将继续秉持创新、开放、合作的理念，筑梦苍穹，相信未来可期！

大学生网评大赛·东湖评论

在厚植"三农"情怀中
推进农业强国建设

李宇沛

（2024年2月28日）

农业强国是社会主义现代化强国的根基，推进农业现代化是实现高质量发展的必然要求。长期以来，党中央高度重视"三农"工作，指引农业农村发展取得历史性成就、发生历史性变革。习近平总书记强调："任何时候都不能忽视农业、忘记农民、淡漠农村。"[1] 广大青年是担当民族复兴大任的时代新人，作为农业高校学子，我们要主动"找苦吃"、肯吃苦、想吃苦，在推进农业强国建设方针政策的指引下，从根本上厚植"三农"情怀，为加快建设农业强国接续奋斗。

何谓"三农"情怀？就是脑中有农业、眼中有农村、心中有农民。中国能有如今飞速的发展，离不开坚实的农业基础、先进的农村建设，更离不开辛勤的农民群体。农业、农村、农民三者缺一不可。农民依托于农村，寄希望于农业；农村建设和农业发展又对农民起到激励和保障作用，三者

---

[1] 韩长赋. 任何时候都不能忽视农业忘记农民淡漠农村——深入学习习近平同志在吉林调研时的重要讲话［N］. 人民日报，2015-08-13（07）.

形成一个相互作用的有机统一体。作为农业高校学子，厚植"三农"情怀，就是要做懂农业、爱农村、爱农民的乡村振兴建设者。

懂农业，厚植知农爱农情怀。只有懂农业，农村发展才有保障。习近平总书记时刻走在发展农业的第一线，在各地考察时经常深入农村田间地头，在当地农民家中开冰箱、掀锅盖、翻被褥，围坐在炉火旁与老乡促膝长谈、拉家常。广大青年要加强知识储备，掌握自然和社会发展规律，了解农业的地域性、周期性、季节性等特征，打牢内在知识基础，将"读万卷书"与"行万里路"结合起来，多下基层、走村入户、深入田间地头。广大青年要心系"三农"，在"学中干、干中学"中提高发现问题、解决问题的能力，为解决"三农"问题献一份力、发一点光，找到解决"三农"问题的"金钥匙"，做到学以致用、以学促行。

爱农村，练就强农兴农本领。习近平总书记强调："我们要建设的农业强国、实现的农业现代化，既有国外一般现代化农业强国的共同特征，更有基于自己国情的中国特色。"建设农业强国，农业高校被赋予强农兴农的重要使命。只有走进乡土中国深处，深入田间地头和村屯农家，广大青年才能当好"爱农村"的新农人。农业高校学子要充分认识耕读教育在人才培养中的重要性，紧扣现代农业发展和人才培养实际，积极参加校企、校地、校所联合，开展产教协同、科教融合，在耕读实践中努力提升"强农"能力，开创"兴农"局面，成长为知农爱农的新型人才。

爱农民，坚守惠农富农初心。改革开放40多年来，历次中央一号文件见证了以农村改革为主要内容的强农惠农富农政策从开启新征程、推进新发展到实现新跨越的飞跃，"农业强、农村美、农民富"逐步实现。如今，城镇化水平提高，人口向城市流动已是大势所趋。推进乡村振兴，不是要让更多人留在乡村，而是要让留在乡村的人过得更好。每个人都是有能量场的，广大青年应以"三农"工作为能量场核心，将个人的能量场与群众能量场相结合，自觉肩负起乡村振兴这一历史使命，充分发挥积极性主动性，争当乡村振兴"领头雁"，为"三农"工作和建设农业强国贡献最大能量，为全面推进乡村振兴插上"人才翅膀"，助力农业强国建设迈上新台阶！

大学生网评大赛·东湖评论

文化自信是中华民族的根脉之固与梦想之翼

万浩然　刘三宝

（2024年4月11日）

历史长河奔流不息，文化瑰宝熠熠生辉。在中华民族五千多年源远流长的文明史上，文化自信是全体中华儿女赖以生存和发展的精神支柱，是我们不断奋勇向前的蓬勃动力，更是我们挺立世界民族之林的坚实根基。在新的历史起点上，我们要以更加坚定的文化自信，续写中华民族新的辉煌篇章。

文化自信是历史之根与时代之魂

文化如水，润物无声；自信如石，砥砺前行。自古以来，中华民族就以博大精深的文化底蕴，孕育出无数璀璨夺目的文明成果。从人类发展的历史长河来看，中华文明是世界上唯一一个从未中断的文明。从《诗经》《楚辞》到唐诗宋词，从四大发明到丝绸之路，这些文化遗产不仅彰显了中华民族的智慧与创造力，还为我们树立起文化自信的根脉支柱。

在新的时代背景下，文化自信更显得尤为重要。面对全球化的冲击和多元文化的交融，我们要始终保持对中华文化的热爱与自豪，不断挖掘和传承其中的优秀元素。同时，我们也要以开放包容的姿态，吸收借鉴其他文化的有益成果，不断丰富和发展中华文化的内涵与外延。文化自信不是故步自封，而是要在传承中创新，在创新中发展。中华文化的传承发展是中华民族现代文明建设的文化根脉，是中华民族进行社会主义现代化强国建设的精神力量。我们要深入挖掘中华文化的时代价值，推动传统文化与现代文明相融合，让中华文化的魅力在新时代焕发出更加绚丽的光彩。

文化自信是复兴之基与发展之力

文化兴则国运兴，文化强则民族强。文化自信是国家发展的精神引擎，是推动社会进步的不竭动力。中华民族伟大复兴必须以中华文化的发展繁荣为条件。在新时代的征程中，我们要以文化自信为引领，推动国家各项事业繁荣发展。

文化自信是科技创新的重要支撑。科技创新需要深厚的文化底蕴和宽广的视野格局。我们要依托中华文化的丰富资源，激发创新灵感，推动科技成果不断涌现。同时，也要以文化自信为底气，积极参与国际科技交流与合作，为人类文明进步贡献中国智慧和中国方案。

文化自信是产业发展的强大动力。文化产业是国民经济的重要组成部分，也是展示国家文化软实力的重要窗口。应依托文化自信，推动文化产业创新发展，打造一批具有中国特色、时代特征、世界影响的文化精品。同时，还要加强文化产业的市场监管，营造公平竞争的市场环境，让文化产业成为国民经济的新增长点。

文化自信是国民素质提升的核心途径。国民素质是国家综合实力的重要体现，而文化自信则是提升国民素质的关键所在。我们的文化自信，来自对中华优秀传统文化的积淀、传承、创新和发展。在推进中华民族现代文明建设的道路上，我们要通过加强文化教育、推广优秀传统文化、运用数字化技术激活文化创新等方式，提高国民的文化素养和审美水平，培养出一批批有道德、有知识、有能力、有担当的新时代公民。

文化自信是交流之桥与和合之道

美美与共，天下大同。文化自信不仅关乎一个国家、一个民族的兴衰成败，还关乎人类命运共同体的未来走向。在全球化的今天，我们要以文化自信为基石，深入推进人类文明交流互鉴，在吸收人类文明优秀成果、彰显中华文化优势特色中推动构建人类命运共同体。

文化自信是促进文化交流互鉴的根本基础。不同文化之间的交流与碰撞是推动人类文明进步的重要动力。一切人类文明的优秀成果都是人类劳动和智慧的结晶，开放包容始终是文明发展的活力来源，也是文化自信的显著标志。我们要以文化自信为纽带，加强与其他国家和地区的文化交流与合作，共同推动世界文化的繁荣发展。同时，我们也应尊重文化差异，包容文化多样性，让不同文化在相互借鉴中共同进步。

文化自信是维护世界和平与发展的重要保障。中华文明始终主张睦邻友好、崇尚和而不同，亲仁善邻、协和万邦是中华文明一贯的处世之道。面对和平与发展这一时代主题，我们要以文化自信为支撑，弘扬和平、发展、合作、共赢的价值观，为弘扬全人类共同价值、构建新型国际关系提供中国智慧和中国方案，推动世界各国共同走向繁荣富强的未来。

文化自信更是推动构建人类命运共同体的文化支撑。在全球化深入发展的今天，人类已经成为一个休戚与共的命运共同体。我们要以文化自信为引领，倡导和而不同、兼收并蓄的文明观，推动不同文明交流互鉴、和谐共生，为构建人类命运共同体提供强大的文化支撑。

在新的历史征程中，我们要以更加坚定的文化自信，推动中华文化繁荣发展，为实现中华民族伟大复兴的中国梦贡献智慧和力量。同时，要坚定开放包容的姿态，积极参与全球文化交流与合作，为推动构建人类命运共同体作出积极贡献。

> 荆楚网

华农经管院以调研实训上好新时代"大思政课"

崇延磊

（2024年8月7日）

在广袤的田野聆听振兴脉搏，积聚担当合力；在古迹中探寻文化根基，淬炼思想定力；置身科技前沿学习"新质生产力"，涵养专业能力……2024年暑期，华中农业大学经济管理学院组织78支暑期社会实践队伍、近700名师生，围绕乡村振兴、文化传承、绿色发展、七彩假期等主题，奔赴全国各地开展实践活动。通过调研、访谈、实训，师生们在实践中上好与现实相结合的新时代"大思政课"。

耕耘一方"希望田"，共绘乡村振兴蓝图

"为响应国家号召，园区坚持将产业振兴作为乡村振兴的重中之重。"在黄冈现代农业科技示范园，实践队员吴幸妮正与工作人员进行深度访谈。实践队伍走进农业企业，在生产车间考察农企共赢发展现状，在实验室见证育苗技术与前沿科技的高效融合，通过调研访谈深刻领悟土地流转与多产业融合之道。基于此次产业振兴的生动实践，成员们深刻认识到："产业振兴是乡村振兴的金钥匙，我们要在掌握'金钥匙'的同时，奏响乡村振兴的'科技曲'。"

"雁行万里靠头雁，共同富裕看前列。""头雁新农人"暑期调研团队在施丹副教授的带领下，来到湖北省随州市长岗镇，结合"头雁"博裕生态养殖公司"黑猪"变"金猪"的养殖模式，用青年力量助力共同富裕。团队与博裕董事长黄文博共话乡村振兴，积极探索乡村振兴、电商运营和互联网大数据的有机结合。在"老雁"带"雏雁"的过程中，团队体验了网络销售的"快车道"，成立"直播间"推广特色农产品，展现黑小猪和香稻的文化和绿色双重 IP 优势。

"全国艾草看宛艾，宛艾最好数桐柏（艾）。"这一好口碑的背后究竟有什么致富之路？带着这一问题，社会实践团队在国家现代农业产业体系岗位科学家李谷成教授的指导下，前往南阳市桐柏县对当地艾草产业进行调研。团队走访农户、村党支部，感受党建引领"跑"出的艾草产业发展"加速度"。村支书向队员介绍，桐柏县采用"党支部＋基地＋农户"模式带动当地农业发展。在党组织的领导下，艾草产业切实提高了当地农户的收入，居民的获得感与幸福感显著提升。

重温一段"红色史"，传承百年红色基因

乘船穿越洪湖地区纵横交织的河湖水网，操练红缨枪法，动手编织渔网……"感悟红色经典，追寻先烈足迹"暑期社会实践团师生共 30 余人赴洪湖开展主题实践活动。在穿越洪湖、参观湘鄂西苏区革命烈士纪念园等过程中，实践队员深入学习"艰苦奋斗、百折不挠、勇往直前，战胜每一个困难"的洪湖精神；在追寻洪湖革命英雄红色足迹的过程中，实践队员加强了党的思想学习教育，坚定了理想信念，在学习交流中感悟信仰伟力，传承红色基因，赓续精神血脉。

"自己动手，丰衣足食"的千亩稻田是南泥湾精神的历史见证。南泥湾作为延安精神的策源地，亦是中国农垦事业的发源地。"西追延行"实践团赴陕西延安，拜访南泥湾镇桃宝裕村老人，与前辈们展开深度访谈，

聆听他们口中"自己动手，丰衣足食"的南泥湾故事，感受"自力更生，艰苦奋斗"的磅礴力量。杨菲感悟道："历经风霜的窑洞，殷殷嘱咐的老者，这会是一次刻骨铭心的培根铸魂之旅。"

"这里是中国共产党第五次全国代表大会旧址……"跟随微党课领学人的脚步，"习迹领航行"团队依托实景、实事等"大资源"载体，用"沉浸式"微党课的形式，用心、用情讲好革命故事，打造青年人的"思政课"。通过这种方式，团队进一步激励青年人铭记党的历史，传承红色精神，汲取奋进力量。

踏遍千山"调研路"，深挖高质发展策

"我将用心用情调查襄州民情、总结襄州经验、讲好襄州故事，将炙热的青春挥洒在这片沃土上。"在襄阳市襄州区，该院34名农业管理专业研究生分别前往14个单位和部门，深入基层，深入一线，在不同岗位上体会责任与担当。2022级农业管理专业硕士研究生宋佳雨谈道："在接下来的社会实践中，我将参与襄州农业政策的调研与实践、农业技术的推广与应用等具体工作中，把课堂上学到的知识与实际基层工作相结合，在实践中上好与现实相结合的'大思政课'。"

"特色农业"添活力，"乡村头雁"领新程。历时七天，走访两县六镇十二村，乡村振兴调研团队在杨志海副教授的带领下，奔赴湖北省枣阳市和谷城县开展社会实践调研。通过问卷访谈、实地考察等形式，团队了解了当地农户生产生活现状，探寻了乡村新产业新业态的发展之路。实践结束后，农业经济管理2201班博士研究生万浩然表达出对乡村农业产业的深刻感想："未来我们将继续关注农业产业领域的新技术、新模式，为推动我国农业产业的转型升级和高质量发展贡献青春力量。"

"红色引擎，质创未来"实践团探寻山东地区新质生产力发展中的智慧与决策，在调研中体悟、学习、总结"山东经验"。实践队员们走入科技企业，参观山东天岳先进科技股份有限公司的一线生产车间，见证新质

生产力在制造业等领域的发展现状，学习具有槐荫特色的新质生产力发展路径。在访谈中，工作人员表示："科研工作难的不是捅破窗户纸，而是难在找到窗户在哪里。"在新时代下，生产者定要迎难而上，向"新"求"质"。

共植一片"生态绿"，引领乡村持续发展

"双水双绿"模式如何带动当地发展？"稻鸭虾"共生模式如何促进农田生态系统和谐稳定？带着这些问题，"墨稻虾舞，绿意共生"实践团分别赴荆州和武汉两地，深入调研黑米种植与"稻鸭虾"共生模式。在合兴村，田间地头，稻香四溢。通过实地考察，团队成员亲眼见证了"稻鸭虾"共生如何巧妙融合水稻、鸭子与虾苗，如何构建微型生态平衡系统。成员杨子琰感慨道："合兴村的绿色奇迹，实则是科技赋能农业、产业带动乡村振兴的生动实践。唯有深入田间地头，方能真切体会农业科技如何实实在在惠及农民。"

"田坝村，依托山清水秀的自然优势，正在将富硒大米与鱼塘养殖打造成'金字招牌'。"田坝村党支部书记朱灿向团队成员介绍了当地绿色发展的探索和转变。团队在调研中发现，当地村民巧手改造废弃农田为鱼塘，培育优质鱼苗，垂钓经济应运而生，农业与休闲旅游较为完美地融合在一起。在南坪乡，蓬勃发展的"鱼米之乡、诗画南坪"给实践团留下深刻印象。团队走访发现，当地不断推广"稻鱼共生"模式，稻田画、共享菜园的推行不仅美化了乡村环境，还促进了村民之间的和谐共处与互帮互助。

庭院内，时令瓜果飘香；菜园里，新鲜蔬菜郁郁葱葱；竹林下，散养的土鸭成群结队……这是湖北省黄冈市曹家店村农户家中的一幕。"这几年，曹家店村不断尝试发展'庭院经济'，逐渐形成了'前院有花、后院有果'的乡村新风貌。"在农户家中，副教授李凡正带领实践团队与曹家店村党支部书记何爱国进行深度访谈。近年来，当地通过"庭院经济"与"直

播经济"相结合的发展模式，逐步探索出有特色、有规模、成体系的乡村富民路，做到了"'庭院经济'有看头更有赚头。"

点亮一束"文化光"，支教非遗接续传承

在宝山村，稚水志愿服务队以"创意脸谱绘国粹，非遗传承入童心"为主题，开展了一节妙趣横生的优秀传统文化课程。一张张形态各异、色彩斑斓的脸谱，体现着孩子们对优秀传统文化的热爱与向往。队员王书博介绍，15名实践队伍成员们来自8个学院，成员利用专业知识将非遗教育、乡土文化教育、红色教育融入暑期课程中，为当地孩子送去了一个不一样的夏天。

厚重淳朴的西兰卡普也可以摇身一变成为时尚新品？在湖北恩施麻阳寨村，实践队员与西兰卡普传承人田若兰进行了深度访谈。她说："我的梦想就是把麻阳寨村打造成一个以西兰卡普为主体的非遗村庄，去完善西兰卡普非物质文化遗产的教育服务、承担一部分教育职责。"团队成员跟随田若兰体验了如何通过牵纱、装筘、滚线等步骤将纱线织成极具土家族特色的织锦，也进一步领会到："非遗代表性传承人手中的织机既是技艺传承的载体，更是创新实践的舞台。"

凿细胚、镂空……在鸦沐羽村，实践队员在傩面具制作传承人汪儒斌的带领下体验了傩面具制作工艺。"要制作出这样形象鲜明、古朴大气的傩面具并不容易，这要求制作者同时具备绘画、木雕和造型能力，因此很多制作人都转行了。"团队调研发现，傩面具的传承面临制作周期长、成本高昂等诸多挑战，而将傩面具与数字化技术结合、开发相关文创产品是汪儒斌正在进行的尝试。

在今年的暑期社会实践中，华农经管学子积极发挥专业所长，努力练就过硬本领，不断锤炼政治品格，在全国各地感受祖国大地的温度和行业的变迁。他们的身影活跃在乡村振兴、文化传承、绿色发展、乡村支教的广阔天地，在"社会课堂"中上好与现实相结合的新时代"大思政课"，以青春"小我"书写强国"大我"。

地评线·东湖评论

从教育功利化倾向
看高校学生评价改革①

刘三宝

（2024年9月4日）

着眼于实现从教育大国到教育强国的跨越，在教育、人才、创新等方面更好地服务中国式现代化，党的二十届三中全会要求深化教育综合改革。这是培养担当民族复兴重任的时代新人、确保党的事业后继有人的战略举措，是用好教育评价"指挥棒"、扭转教育功利化不良倾向、推动教育高质量发展的必由之路。

一、教育功利化倾向的三个弊端

教育功利化倾向潜藏于教育思想、教育制度和教育实践背后，忽视了育人的本质，破坏了教育生态，使教育目标、内容、评价等禁锢在效率的铁笼中，无法回应强国建设对教育、科技、人才的需求。当前大学生群体的教育功利化倾向主要体现在学习动机功利化、就业选择功利化和人际交

---

① 本文系华中农业大学党的建设研究课题"大学生'红色导师'导育能力建设研究"（DJYJ202208）的阶段性成果。

往功利化等方面。究其原因，主要是市场经济条件下的利益驱动、学校人文教育缺失以及大学生主流价值观尚未形成。

第一，短视性思维导致教育目标窄化。教育本是培养人的活动，但只顾当下、不顾长远，只重成绩、不关注学生身心健康和全面发展的功利化教育背离了培养人的神圣使命。短视性的评价思维往往强调眼前利益的实现，简单粗暴地追求升学率、就业率和读书带来的直接经济回报，忽视教育对个体与社会长远发展的积极作用。面对评奖评优、保研就业、海外升学等现实压力，部分学生不得不加入"内卷"行列。久而久之，逐渐形成"好的学业成绩意味着升入好大学，好的大学文凭意味着有机会获得更好的就业前景"的惯性认知。当功利化、世俗化成为主流，大学逐渐沦为"找一份好工作"的工具，使得对真善美的追求缺乏健康的土壤，极大地窄化了培养学生德智体美劳全面发展的育人目标。

第二，狭隘性思维导致教育过程异化。当"唯成绩""唯升学"的教育政绩观愈发普遍，"第一学历"歧视的就业现象日益加重，教育功利化趋势也就更加明显。突出表现为教育目标的狭隘和教育过程的单一，即只关注教育对个体经济收益、人才选拔效率、社会资源分配等方面的作用，忽视教育对追求真理、文化修养、道德品质、人格塑造、体质健康等方面的作用。久而久之，教育过程异化为教学，教学过程异化为考试，考试异化为排名。因此，很多大学生更倾向选修些"内容含金量不高、考核方式单一、结业容易通过"的"水课"。这种功利化倾向的结果便是教育呈现出以数据为主导的测评化景象，"唯分数""唯绩点""唯升学""唯文凭"变得司空见惯，基于爱好、好奇心而探索知识、真理的乐趣逐渐消磨。

第三，攀比性思维导致教育环境恶化。教育功利化倾向将复杂的教育过程简单化，没有认识到"五育"融合视域下德智体美劳全面发展的重要性。在攀比性思维的驱使下，受教育者时刻担心失去领先位置，"教育落后"的恐慌心理不断蔓延。家长在"绝不让孩子输在起跑线上"的思维驱动下变得越来越焦虑，以钱择校、以权择校、以房择校的现象屡见不鲜；大学毕业生由于缺乏清晰的自我认知和职业规划，以及对未来各种不确定性的焦虑,"不就业""慢就业""懒就业"的"啃老族"比例逐渐上升,不结合实际从众式考研、考公、留学、考国企的现象普遍存在;校外培训机构、社会用人单位等为了各自的利益推波助澜,形成恶性循环。

二、推进高校学生教育评价改革的三个着力点

教育评价事关教育发展方向,事关教育强国建设的成败。走出教育评价功利化的困境,并非将功利概念污名化,而是要以合理的教育功利观为指导,关注学生的精神世界和思维品质,尊重学生的尊严与选择,营造健康向上的教育评价生态。

第一,发挥牵引功能,优化教育评价内容。有什么样的评价指挥棒,就有什么样的办学导向。教育评价具有高度的社会敏感性,且高度依赖社会环境,因此每项改革都可能引起相关利益主体的高度关注。高校要深入实施"时代新人铸魂工程",推动教育教学评价实现格局性变化和全方位塑造。教育评价改革要遵循科学规律,特别是学生身心发展规律、教育教学规律和人才成长规律,防止学生在对未来的迷茫和未知的恐惧中陷入"内卷"。教育评价改革既要注重知识的获取,又要关注学生内生性学习热情以及批判和创新思维、复杂问题解决能力的培养;既要尊重每个学生的天赋、性格、志趣,为学生提供突出个性化发展的机会,鼓励他们探索自己的兴趣和潜能,又要激发后进生和弱势学生的进取积极性及个性发展热情,实现人才培养从"分数导向"向"素养导向"转变。

第二,发挥激励功能,创新教育评价方法。对人的激励包括内在动力和外在激励两部分。一个良好的教育评价体系能够从内心深处激发学生学习生活的热情和拼搏向上的斗志。高校要树立"以学生为中心"的教育理念,克服重智育轻德育、重分数轻素质等片面办学行为,从关注学生某一方面的进步转向关注学生的全面成才。高校要完善《综合素质测评办法》等相关评价细则,突出定量测评与定性评价相结合,使"五育"可衡量;过程测评与结果评价相结合,确保数据可靠;纪实测评与民主评议相结合,

使评价结果令人信服。例如，为加强劳动教育，教育部对《加强和改进涉农高校耕读教育工作方案》进行了全面部署，为涉农高校开展耕读教育指明了方向；为纠正"唯绩点论"的不良倾向，北京大学、清华大学等多所高校已试行取消绩点，实行等级制，扭转学生对分数和绩点过度追求的不良倾向。

  第三，发挥治理功能，抓牢教育评价主体。高校教育评价改革是一项系统工程，不可能一蹴而就。破除高校学生综合评价困境，要牢牢抓住高校、教师、学生、用人单位四个评价主体。高校要改变用分数给学生"贴标签"的做法，着力疏通"重群体横向比较、轻个体纵向比较"的堵点，实现评价内容从单纯对知识的评价转向"知识、能力和价值观"并重的综合性评价。教师要更加重视学生为什么学、学什么、希望教师怎么教、应该怎么学等方面，冲破考试等同于评价、分数代表能力的教育"内卷"禁锢，着重考查学生独立思考和运用所学知识分析问题、解决问题的能力；要树立"五导"育人目标，即"导思想、导品行、导学业、导规划、导就业"，争做青年朋友的知心人、青年工作的热心人、青年群众的引路人。学生要跳出固有思维框架，摆脱高度一体化的竞争观念，不断思考"我希望成为什么样的人"，给自己的未来画像，然后运用以终为始的思维思考，要达到目标所需采取的行动步骤，不能一味追求眼前的物质利益而忽视对自我精神世界的关注，不能一味追求社会的认可而在社会大潮中丧失自我与主体精神诉求。用人单位要扭转"唯名校""唯学历""唯人脉"的用人导向，建立以品德和能力为导向、以岗位需求为目标的选人用人观，提高人才培养达成度、社会需求适应度、用人单位满意度。

第三部分 党建思政工作案例

做实三个抓手　做好三个对接　做深三个融合
——农业经济管理系教工党支部建设案例

杨志海

（2023年12月）

一、工作背景

经济管理学院农业经济管理系教工党支部现有党员17人。在学校党委的正确领导、学院党委的关怀指导和支部全体党员的共同努力下，支部于2019年12月入选第二批"全国党建工作样板支部"培育创建名单，并于2022年6月顺利通过创建验收。农林经济管理学科在全国第四轮学科评估中位列A类，2017年入选国家首轮"双一流"建设学科行列，2022年进入新一轮"双一流"学科建设。

二、主要做法

支部充分发挥战斗堡垒作用，做实三个抓手，做好三个对接，做深三个融合，增强党建基本功，促进育人主业务，努力以高质量党建引领事业高质量发展。

（一）做实三个抓手

1. 以制度执行为抓手，抓严教育管理和监督党员落实

严格对标《中国共产党支部工作条例（试行）》，从严落实"三会一课"、党员民主评议、党支部书记讲党课等制度，扎实推进"两学一做"学习教育常态化制度化，严肃党内政治生活，规范党员政治学习，健全支部工作台账，监督日常作风行为，推进基层党建工作机制的程序化与标准化。

2. 以学习实践为抓手，加强党员党性修养与业务提升

重点围绕习近平新时代中国特色社会主义思想、党内各种规章制度等内容，灵活运用集体学习、轮流领学、专题报告等方式，及时跟进学，不断提升党性修养。组织安排支部党员和教师参加学习培训，鼓励引导教师结合自身学术研究，深入"三农"一线，开展调研考察活动，积极向相关政府部门提交咨询报告，将政治理论学习质效转化为咨政服务和学术发展成效。

3. 以典型宣传为抓手，抓牢支部凝聚力和号召力增强

先进引领方向，榜样凝聚力量。在做好及时传达学习上级党组织决策部署的基础上，注重挖掘师生身边典型，教育引导支部党员与师生对标学、跟着做，通过集中观看、座谈交流、撰写学习体会等形式，汲取榜样力量，发挥榜样的示范引领作用，激发支部党员精气神，增强支部凝聚力与号召力。

（二）做好三个对接

1. 主动对接青年学生，推动"三全育人"

主动对接本科生，通过教师党员"1+2"结对帮扶，重点加强低年级学生的职业规划引导，以及毕业班学生的就业择业指导；主动对接研究生，通过支部共建、教师党员结对下寝室等形式，重点加强政策研究与学术训练等方面的专业指导，筑牢"三农"根基，厚植家国情怀。通过深化师生交流，党员言传身教导学，激发新时代大学生知农爱农、强农兴农的成长动力，

提升专业人才培养质量。

2. 主动对接教研团队，实现"传帮带"

发挥党员教师在教学、科研与服务社会中的先锋模范作用，将"传帮带"贯穿于全系教师教学改革、科研立项等工作中。党员主动带头组建教学团队或课程组，共同挖掘所授课程中蕴含的思想政治教育元素，推动课程思政全覆盖。党员主动带头开展科研项目的申报辅导与过程研讨，共同加强学术交流、研究互补、交叉合作，提升科研水平。

3. 主动对接政府企业，助力乡村振兴

与孝昌县梦里花园花木专业合作社开展校企支部共建，为孝昌县乡村产业规划、新型职业农民培训等提供专业化服务。主动对接建始县花坪镇崔家河村，加强产业规划与项目运营指导，壮大村集体经济，助力强农兴农。围绕经济社会发展问题，坚持开展华中三省农业大数据调查，多人承担全国现代农业产业经济岗研究任务，为各级政府决策贡献智慧。

（三）做深三个融合

1. 推动党支部建设与人才培养质量提升融合

着力推进党支部建设与人才培养质量提升融合是高校基层党支部党建工作取得成效的立足点。一是明确党支部引领人才培养的作用，带领全系教师将思想价值引领、价值塑造贯穿于人才培养全过程。二是推进党支部对接课程、对接毕业班级、对接寝室，对接实习实践基地，实现党建基本功与育人主业务双提升。三是激励支部党员理论武装走在前、立德树人走在前、担当作为走在前，充分发挥支部的战斗堡垒作用。

2. 推动党支部建设与科研工作成效提升融合

推动支部建设与科研工作成效提升融合是高校基层党支部党建工作的着力点。一是以政治引领为核心，理论学习和科研实践相结合，并贯穿于科研课题的申报与研究过程，提升教师党员的理论素养与政治觉悟，增强教师为党育人、为国育才的使命担当。二是将支部建在学科，充分发挥党支部在学科发展规划制定、团队建设等方面的积极作用，为学科建设提供组织保障。三是将党建工作与工作作风建设相结合，在科研工作中带头树立求真务实、敢想敢创的工作作风，推动全系教师科研创新能力提升。

3. 推动党支部建设与服务经济社会发展融合

服务社会是高校基层党支部建设的发力点。一是坚持问题导向，利用党课分析"三农"发展现状，提升支部党员理论联系实际能力，带领全系教师助力全面乡村振兴战略。二是以校地、校企支部共建为桥梁，与地方政企联合开展科研合作活动，利用科研智慧服务地方发展。三是将支部工作做在田野上，发动党员利用假期，深入乡村、深入农户，掌握一线实情，为地方经济社会发展出谋划策。

三、主要成效

（一）师资队伍建设实现新突破

支部积极推广宣传、发掘和选树先进典型，营造崇尚师德、争当典型的良好氛围。2020年以来，农业经济管理系1人入选国家级人才计划项目，1人获评"湖北省最美社科人"，1人入选"湖北名师"，1人获校教学质量优秀一等奖，4人获评校研究生导师教书育人奖，2人获评校优秀共产党员，4人次获评校级优秀班主任，2人课程思政案例成功上线新华网，点击量40,000余次。

（二）人才培养质量取得新提升

支部积极创造机会深化师生交流，增强新时代大学生知农爱农、强农兴农的使命感与责任感，不断提升思想引领成效。2020年以来，农业经济管理专业学生中1人获评全国"百名研究生党员标兵"，1人获评"湖北省乡村振兴青年先锋""湖北省向善向上好青年"，1人获评湖北省"大学生自强之星"，2人入选湖北省"长江学子"，1个研究生党支部入选第三批"全国党建工作样板支部"培育创建名单。

（三）科学研究层次迈上新台阶

支部立足"党建+业务"深度融合，积极围绕国家经济社会发展重大战略需求开展集体讨论与专题讲座，推动全系教师将科研扎根于中国大地，科研项目与论文不断取得新突破。主持获批教育部重大攻关项目2项，产出一批代表性科研成果。

（四）社会服务工作呈现新气象

支部坚持按照"以强农兴农为己任"的要求推动支部成员及全系教师在服务社会中积极建言献策，为政府部门政策制定提供参考。2020年以来，全系教师向政府部门及相关单位共提交咨政报告100余篇；在《经济日报》《光明日报》《农民日报》《湖北日报》等报刊媒体发表理论文章60余篇。

（五）宣传引领师生形成新平台

支部于2021年3月建立"狮山农经"微信公众号，已形成"学术前沿定期发布、师生观点及时宣传、典型事迹详尽报道"的公众号运营准则，从思想、政治与业务等多维度引领师生同向而行。截至2023年12月，公众号累计阅读量已超15万余次。

炼就"三研"本领　建强"三型"支部
——湖北农村发展研究中心研究生第一党支部建设案例

王安邦　陈　曙

（2024年5月）

一、工作背景

经济管理学院湖北农村发展研究中心研究生第一党支部现有党员40人，学院党委委员、副院长颜廷武教授担任支部指导教师。支部致力于将学生党建工作与人才培养、科学研究、社会服务相结合，以研学为魂、研讲为媒、研智为基，建设学习型、创新型、服务型样板党支部，引领支部党员将理论知识学精学深学透、将知农爱农入脑入心入行、将行动措施落实落细落小。

支部长期以来全方位、多维度、深层次完善导学、讲学、研学、比学、践学学习体系，把"内"和"外"融合起来，加大教育力度；把"学"和"研"结合起来，扩展教育广度；把"悟"和"践"贯通起来，挖掘教育深度；把"守"和"担"联动起来，增加教育温度，使支部学习真正在形式上新起来、在方法上活起来、在滋味上鲜起来。

二、主要做法

（一）研学为魂，塑造知农爱农学习型党支部

1. 坚持以党的创新理论武装启智润心、培根铸魂

自 2022 年 3 月入选"全国党建工作样板支部"培育创建单位以来，支部以党的创新理论武装头脑，结合"三农"实际学以致用，结合先进典型开展对标争先，深入学习贯彻习近平新时代中国特色社会主义思想，认真学习领会党的二十大精神，扎实开展主题教育。支部成员结合理论知识，20 余篇学习成果发表在《湖北日报》、凤凰网等媒体，组织开展"示范主题党日"活动，学习贯彻党的二十大精神，做到支部全覆盖、内容有深度、真学有质量、武装有成效。

2. 坚持以高质量的实践教育增强合力、学用结合

坚持开展支部党员理论学习、规划实践、创新创业、志愿服务、舆论宣传、自省自律"六大先锋行动"以及"八个一"党史学习教育，受到"学习强国"、荆楚网、《党员生活》等媒体关注。为加强实践教育，支部党员赴湖南韶山、长沙等地开展红色研学实践，同寻红色记忆，相关事迹被《人民日报》报道。10 名党员前往襄阳市开展耕读教育，深入农村基层进行挂职锻炼，将实践活动与理论学习有机结合。

（二）研讲为媒，建设丰富多样创新型党支部

1. 坚持围绕重大决策部署选题深化理解、启迪思想

支部努力发挥农林经济管理一流学科的专业优势，精心打造"知农爱农"微党课"研讲团"，紧密围绕乡村振兴、农村环境治理、粮食安全等备受关注的选题，鼓励支部党员以通俗易懂的语言解读农业政策、宣传农业知识、解答农民困惑，已发布微党课 15 期，参加青年开讲、百生讲坛、微党课大赛等活动 10 余次。支部联动基层组织开展结对共建，先后与赤壁市柳山湖镇党委和孝昌县梦里花园花木联合社党支部进行校地、校企支

部共建，围绕"建设宜居宜业美丽乡村"等主题讲授专题微党课，宣传农业思想、服务地方乡村振兴、推动农村产业优化布局融合发展。

2.坚持采用线上线下方式传播联学共建、扩大影响

支部师生坚持树立"同心圆"思想，推动"大宣传""大思政""大文化"协同育人格局构建。坚持线上和线下相结合，引进来和走出去相结合，支部代表与中国地质大学博士党支部等开展联创共建活动7次，并应邀分享支部建设工作经验。支部积极探索建立"互联网+党支部建设"新模式，借助全国高校思想政治工作网育人号发表通讯24篇，在"农发有我""农业资源与环境经济学"等公众号发布团队党建、科研成果动态100余篇，宣传支部工作动态、建设经验、典型案例、发展成果及系列微党课，扩大示范创建影响。

（三）研智为基，打造高效务实服务型党支部

1.在潜心学业学术中科研助农

2022年以来，支部党员在产业发展、乡村治理等领域积极贡献智慧，参与国家级、省部级基金项目25项，在国内外权威学术期刊发表论文60余篇，在国际学术年会等国内国际学术会议汇报论文50余人次，与国内外学者共议中国"三农"发展。在浓厚的科研助农氛围感召下，支部党员18人次获全国"百名研究生党员标兵"、湖北省"向上向善好青年"、国家奖学金等省部级及以上荣誉。

2.在投身振兴乡村中服务社会

支部积极响应学校"乡村振兴荆楚行"行动，支部党员深入农村基层"接地气""踩泥土"，足迹遍布8省30县150余村，参与收集整理农户问卷逾15,000份。在支部导师的带领下，依托支部研究生的学术积累，努力在"三农"领域发挥智囊作用。支部党员围绕乡村振兴参与撰写的提案入选2022年全国两会提案，撰写的资政报告被湖北省政协、九三学社中央和湖北省委等采纳6次，1人获评湖北省"乡村振兴青年先锋"。

三、主要成效

（一）创建网络平台

支部搭建"农发有我"微信公众号，与团队、学院新媒体平台形成协同矩阵，依托农发中心公众号"农业资源与环境经济学"等发布团队党建、科研成果动态100余篇，总阅读量突破5万人次。支部党员在"狮山农经""狮山红叶"等学院新媒体平台发布党建经验、读书笔记、科研心得50余篇。此外，借助宣讲报告、座谈交流等多种形式，广泛宣传支部建设经验与典型案例，并在全国高校思政网、荆楚网等平台发表系列文章近40篇，充分发挥示范带动效应。

（二）打造支部品牌

支部打造为农助农学用结合"研学团"、知农爱农农林微党课"研讲团"和强农兴农研究生实践服务"研智团"，支部累计志愿时长近3,000小时。疫情期间，支部组织党员积极担任社区疫情防控志愿者，12人就地支援春耕。录制《学百年历史 开时代新局》《革命新局面的形成和党的四大》等党史微党课。

（三）强化示范带动

支部积极落实"红色导师"制度，邀请党员导师参与党建活动。支部成员定期向红色导师汇报思想动态，形成系列文稿，王安邦、朱新宇等在红色导师颜廷武教授的指导下在荆楚网发表思想汇报《青年党员深入田间地头、村屯农家"找苦吃""治学问"》《把火热青春写在服务强国建设中》，并被"学习强国"等平台全文转载。

"四抓"把"四关"推动大学生党员发展提质增效
——经济管理学院大学生党员发展工作案例

万浩然 刘三宝

（2024年5月）

一、工作背景

高校学生党员是学生中的骨干分子，学生党员队伍建设是高校党的建设的基础工程。经济管理学院党委在准确理解和深刻把握新形势下党员发展"控制总量、优化结构、提高质量、发挥作用"十六字总要求的基础上，探索大学生党员发展"四抓"把"四关"工作法，进一步突出质量导向，做好大学生党员发展工作，保持党员队伍的生机活力。

二、主要做法

（一）抓严发展条件，把好党员入口关

坚持把政治标准作为发展党员工作的重中之重，对入党积极分子实行全面量化考核，将专业成绩、理论素养、群众基础、公益实践等多项指标

纳入量化考核体系，落实发展对象确立的"五不"原则，把好党员发展"入口关"。

（1）入党动机不端正、入党要求不迫切者不发展。

（2）量化考核排名靠后者不发展，根据党员发展指标数量，优先将量化考核排名靠前者作为拟发展对象。

（3）综合考察不合格者不发展，在支部大会上对拟发展对象实行党的基本理论、基本知识的现场考核考察。

（4）学习成绩不达标者不发展，不同年级确定不同的学习成绩专业排名要求，对体育特长生、艺术特长生、新疆、西藏少数民族学生根据实际情况考察学习情况。

（5）支部考察弃权和反对票超过三分之一者不发展，对考察中出现反对票和弃权票的拟发展对象，支委会后续逐一进行详细摸排学生现实表现，向学院党委会报告，通过集体研究确定是否发展。

（二）抓细发展程序，把好工作规范关

严格按照党章规定的党员标准发展党员，把握发展党员工作流程的关键节点，把好发展程序"规范关"。

（1）严格入党积极分子的推荐程序，突出团支部的民主性。团支部根据学生日常表现和学习成绩情况进行民主推荐。

（2）严格入党积极分子考察程序，突出日常考察的科学性。将量化考核内容制成入党积极分子"一人一档"跟踪培养清单。

（3）严格拟发展对象的确定程序，突出政治标准的严肃性。以政治表现、政治素质为首要标准，对拟发展对象在支部内实行答辩，从入党动机、理论素养、先锋模范作用发挥等方面进行重点考核。

（4）严格预备党员的接收程序，突出发展流程的规范性。根据年度党员发展目标任务，制订各年级分学期发展计划，坚持成熟一个、发展一个，严格对照党员发展工作细则，经过支委会、支部大会、组织员审查、基层党委备案等阶段，严格审查档案材料，及时督促、指导，提升材料的规范性和完备性。

（5）严格预备党员转正程序，突出党员先锋的示范性。坚持思想入党和组织入党、自我教育与组织培养的有机统一，从理论学习、实践锻炼、先锋模范作用发挥等方面进行跟踪培养。

（三）抓实培养教育，把好作用发挥关

抓实党员教育管理，发挥先锋模范作用，坚持有计划、分层次、高质量开展培养教育工作，把好党员作用"发挥关"。

（1）加强新生入党启蒙教育。邀请中国青年五四奖章获得者、全国道德模范、优秀毕业校友、老党员教师在开学季讲授入学第一课，邀请优秀学生党员担任下班党员，引导学生积极向党组织靠拢。

（2）加强入党积极分子的培优教育。以学院分党校为主阵地，以社会实践为第二课堂，以党的路线、方针、政策和党的基本知识、党的历史、优良传统、社会主义核心价值观以及如何做一名合格的共产党员为主要内容，开展有计划的系统教育。

（3）加强发展对象的考察教育。积极引导发展对象承担学生工作、参与公益活动，通过线上和线下相结合、理论学习和红色基地实地教育相结合，帮助加深对党的认识和了解，提升精神境界、打牢思想和理论基础。

（4）加强学生党员的系统教育。坚持开展学生党员理论学习、规划实践、创新创业、志愿服务、舆论宣传、自省自律"六大先锋行动"，激励党员坚定信仰信念，发挥先锋模范作用。

（5）加强毕业党员的离校教育。坚持开展毕业生党员离校前"最后一堂党课"，教育引导毕业生牢记党员宗旨、牢记校训精神，到祖国最需要的地方去建功立业。

（四）抓优长效机制，把好制度建设关

加强基层党组织建设，探索建立党建工作保障长效机制，以制度建设保障党建高质量发展，把好党建制度"建设关"。

（1）优化调整支部设置。将以年级为单位的支部设置模式调整为本科生以专业为单位设置，研究生以学科或课题组为单位设置党支部，辅导员担任本科生党支部书记，博士和高年级硕士研究生担任研究生党支部书记，专业教师担任研究生党支部指导教师，强化支部领导力量。

（2）深化师生支部结对共建。开展教职工、研究生和本科生党支部"1+1+1"结对，通过生生联合、师生融合，推进师生支部联学联建。坚持学院党委委员、组织员、思政工作队伍、教工党支部书记定期与入党积极分子面对面谈心谈话制度。

（3）优化工作流程。以编制《经济管理学院工作流程与风险防控手册》为契机，规范党员发展流程，制定《党员发展流程》《党员转正流程》《党员量化考核流程》等工作制度，推进基层党组织标准化建设。

（4）强化学生品牌建设。整合学院"两微一网"平台，加强"红微"品牌建设，设立党建特色专栏，以理论知识竞赛、演讲比赛、学生微党课、诵读红色家书等为载体，以红色书籍、红色电影、红色场馆为切入点，打造系列高质量党建宣传，切实发挥红色引领和示范引领作用。

三、主要成效

自"四抓"把"四关"大学生党员发展工作法实施以来，青年学生入党积极性充分激发，发展党员程序更加规范，党员先锋模范作用更加凸显，大学生党员发展工作取得实效。学院党委先后入选湖北省和全国高校党建工作标杆院系培育创建单位，湖北农村发展研究中心研究生第一党支部获批"全国党建工作样板支部"，研究生支教团党支部获评"湖北省先进基层党组织"。入党积极分子、发展对象和学生党员在荆楚网"红色导师·思想汇报"专栏发表思想汇报30余篇。学生党员骨干榜样示范作用突出，涌现出全国高校"百名研究生党员标兵"王安邦、"湖北向上向善好青年"明若愚、湖北省"长江学子"阿迪力·阿里木、高昊晨，湖北省大学生自强之星刘笑、湖北省第九期"青马工程"学员王浩东等一批学生党员典型。

"三结合三到位"实施"红色导师"一二三四五工作法

——经济管理学院"红色导师"工作案例

徐嘉楠　向晋文

（2025年3月）

一、工作背景

经济管理学院党委自2022年10月开始，先后选聘110余党员教师、党政管理干部担任"红色导师"，结对1000余名本研学生，教育引导学生听党话、跟党走，主动向党组织靠拢。这一举措是学院党委全面落实《华中农业大学"党建质量提升源头工程"实施方案》文件精神的重要一环，是进一步夯实学院党建与思想政治工作基础、促进教师党建与学生思政深度融合的必要一步，是切实推动教师党员领航育人和青年学子成长成才、提升基层党建和"三全育人"工作实效的关键一招。学院党委在"红色导师"队伍建设中，始终坚持"三个结合"工作原则，确保实现"三个到位"工作目标，让"红色导师"成为学生学业指导和科学研究的筑梦人、价值塑造和为人处世的引路人，引领广大青年为中国式现代化挺膺担当。

二、主要做法

（一）坚持把牢方向与夯实基础相结合，实现党建引领到位

1. 加强党委顶层设计

学院党委高度重视"红色导师"工作，把好党建引领与思政教育总方向，精心组织、悉心谋划，统筹教师党建与学生党建，整合院内资源与院外资源，探索构建"红色导师"工作的培养机制、管理机制、协调机制、保障机制和评价机制，健全"红色导师"队伍建设体系。学院党委联合校研究生院党支部、财务与资产管理部党支部与本研学生党支部联学共建，召开3次"红色导师"工作专题推进会，邀请有关部门负责人、全体"红色导师"及结对学生共同研讨工作思路与结对方案，凝聚全员育人合力。

2. 提高学生政治意识

政治引领是"红色导师"工作的主线。学院党委组织教师党员与学生一同深入学习贯彻习近平新时代中国特色社会主义思想，在线上线下共同开展马列经典阅读、主题党日联学、理论知识竞赛等多种形式的理论学习活动，牢牢把握青年理想信念关，努力培养让党放心、爱国奉献、担当民族复兴重任的时代新人。2022年以来，在"红色导师"的指导下，学院学子录制农林微党课、金融党史微党课40余期，在校微党课大赛、"青年开讲"演讲比赛、党员理论知识竞赛中多次取得优异成绩，20余篇理论学习成果在《湖北日报》、凤凰网等新闻媒体上发表。

（二）坚持思想育人与实践育人相结合，实现协同育人到位

1. 搭建思想汇报平台

学院党委联合荆楚网推出"红色导师·思想汇报"专栏。"红色导师"每年指导结对学生撰写4篇高质量的思想汇报（每季度1篇），文章鼓励见人见事，言之有物，真情实感。"红色导师"对思想汇报进行简要点评，形成师生相互交流、共同探讨、互相促进的良好氛围。截至目前，已有40

篇思想汇报在荆楚网专栏刊登，其中20余篇被"学习强国"转载。通过思想汇报，引领学生向内自我审视，用青春理想指引人生航线，让理想之光照亮奋进新征程的脚步，推动思想育人落地落实，见功见效。

2.创新耕读实践形式

"红色导师"与学生共同参加社会服务、生产劳动、红色研学、体育锻炼等多种形式的实践活动，用实际行动培养青年学生兴趣志趣、练就过硬本领、奉献人民群众，在内容丰富、形式多样的活动中营造师生融乐的良好氛围。经济学系教工党支部党员带领学生开展入户调研，培育学生"三农"情怀；会计学系教工党支部大力推进专业实习实训，"红色导师"陪同学生并给予业务指导；行政管理教工党支部党员与学生一道奔赴井冈山、韶山等革命圣地，实地探寻先烈足迹；市场营销系教工党支部连续四年在毕业季举办"市营趣味篮球赛"，"红色导师"与学生在运动中欢送毕业生。

（三）坚持个性指导与从严管理相结合，实现指导帮扶到位

1.解决急难愁盼问题

"红色导师"不仅是广大青年思想上的指明灯、科研上的引路人，还是解决学生"急难愁盼"的行动者。针对学生就业难题，农林经济管理系教工党支部党员持续在毕业季组织优秀毕业生分享会，为各年级学生答疑解惑。结合学生生涯规划制定，企业管理系"红色导师"开展"红色导师导规划"系列活动，邀请头雁项目负责人、优秀企业家和校友进课堂、进支部。学院"红色导师"深入学生、了解学生，热心关爱学生，为学生答疑解惑，交心谈心，服务学生成长进步。

2.加强党员队伍建设

"红色导师"经常性与学生谈心谈话，掌握学生思想动态，引导青年学生递交入党申请书、入党积极分子端正入党动机、预备党员严格要求自己，确保红色江山后继有人。学院党委不断规范党员发展流程，优化党员教育管理，邀请学校党务部门负责人为入党积极分子讲授专题党课，学院党委委员带队新发展党员前往武昌红巷等革命传统教育基地开展入党宣誓

等活动，坚持将"红色导师"对党员的教育引领贯穿入党全程。

三、主要成效

（一）党员先锋作用不断发挥

在"红色导师"的指导培育下，学院党员队伍质量不断提升，学生党员在科研创新、理论宣讲、乡村振兴、志愿服务等方面充分发挥先锋模范作用。2022年以来，学院学生党员获评全国"高校研究生党员标兵"、湖北省"乡村振兴青年先锋"、湖北省"长江学子"、湖北省"大学生自强之星"、湖北省"百生讲坛"铜牌主讲人等多项荣誉，学院党员事迹受到CCTV、《人民日报》、湖北卫视等多家媒体报道。

（二）立德树人模范不断涌现

"红色导师"在育人过程中也进行着自育。近年来，经济管理学院涌现出湖北省"最美社科人"、湖北省"教学名师"、校优秀导师、十大青年岗位能手、优秀党委工作者、优秀辅导员、优秀专职团干等一批"红色导师"立德树人典型。

（三）工作制度方法不断完善

学院党委经过前期工作实践探索，不断完善"红色导师"工作制度，凝练出"红色导师""一二三四五"工作法："红色导师"围绕思想政治引领一条工作主线，每年至少开展两次谈心谈话，参加三次"红色沙龙"，指导结对学生撰写四篇思想汇报，实现导思想、导品行、导学习、导规划、导就业等五方面工作目标。相关工作案例被《党员生活》杂志专题报道。

深入学习"四史" 坚守初心使命
——经济管理学院"四史"学习教育工作案例

万浩然　于久霞　陈国顺

（2022年12月）

一、案例简介

经济管理学院按照"学史明理、学史增信、学史崇德、学史力行"的要求，贴近学生、贴近生活、贴近实际，积极开展"四史"学习教育活动。通过线上与线下相结合、理论与实践相结合、深度与广度相结合的方式，深入开展"深思细悟学四史""研读经典诵四史""时代青年悟四史""知行合一践四史"等系列活动。通过"学、思、践、悟、行"，让学生在主题教育中透过时空感悟经典、领悟"四史"魅力，在知行合一中体悟"四史"，使"四史"学习接地气、思政教育入人心。

二、思路与举措

（一）深思细悟学"四史"

在全院范围内开展"21天学习打卡"活动，鼓励学生用好"学习强国"

平台，自觉开展"四史"学习。通过对平台中"党史"专题部分的党史故事、党史知识、党史研究、红色映像等内容的学习，增强学生学习"四史"的获得感。各党支部、团支部管理员每天定时在支部内推送"历史上的今天"相关文章，以史为镜，帮助同学们树立正确的历史观。以史鉴今，学习历史，探索发展规律，能够增强中华民族伟大复兴与中国话语崛起的内在动力，为文化自信提供坚实支撑和有力保障。

（二）研读经典诵"四史"

党支部、团支部在主题党日、主题团日中积极开展"诵读'四史'云接力"活动。通过选取真实感人的英雄故事，诵读"四史"，激发学生对"四史"的多方位感受和理解。同时，依托学院"经管在线"微信公众号平台定期进行优秀视频展播。开展"'四史'我来讲"演讲比赛，通过支部内选拔，推选15名本科生、研究生同学进入决赛环节。学生们用"青言青语"讲述红色故事，抒发家国情怀，激励担当作为。

（三）优秀代表讲"四史"

通过师生党建结对等活动形式，推荐青年教师、学生党员等优秀代表组成宣讲团，在全院范围内面向全体学生进行面对面、互动性的宣讲交流，引导学生深刻理解中国共产党为什么"能"、马克思主义为什么"行"、中国特色社会主义为什么"好"，持续激发青年学子爱党爱国爱社会主义的巨大热情，激励学生要有理想、有本领、有担当，在时代进步中焕发出绚丽的光彩。

（四）时代青年悟"四史"

组织开展"四史"征文及书画比赛，鼓励学生用笔触抒发和讴歌中国共产党团结带领中国人民，在中华民族发展史上谱写的壮丽篇章。紧紧围绕党史、新中国史、改革开放史、社会主义发展史的主题，强化爱国之心、强国之愿、报国之志。活动结束后，学院对所有作品进行书面评审，对优秀作品进行成果汇编，并依托学院网站和新媒体平台对"四史"征文、"四史"书画作品等进行推送。

（五）知行合一践"四史"

党支部组织开展红色教育基地实践研学活动，在辛亥革命武昌起义纪念馆、八七会议会址纪念馆、中央农民运动讲习所旧址参观学习，从历史中汲取精神养分、永葆奋斗底色。鼓励教师积极开展课程思政教育活动，以"知行合一践四史，见微知著学宏经"为主题，参观抗击新冠疫情展览，带领同学们通过运用经济学知识领悟身边的经济发展、了解抗击疫情斗争取得的重大战略成果。此外，积极开展学"四史"践初心志愿服务活动。

三、经验与启示

（一）把"内"和"外"融合起来，加大学习教育力度

活动前期在学院"两微一网"平台发起倡议并介绍活动整体安排，鼓励师生积极参与；活动中后期依托全国高校思政网、湖北高校思政网、南湖新闻网、学院"两微一网"等校内外平台宣传活动开展情况。学院收到"四史诵读云接力"作品70余种，书法绘画作品60余份，影评或书评300余份。在红色微博建立的华农学"四史"话题，阅读量达110万，微博单篇阅读量高达50万。

（二）把"学"和"研"结合起来，扩展学习教育广度

以党史、新中国史、改革开放史、社会主义发展史为主线，推荐《中国共产党创立之路》《邓小平时代》等学习材料30余册，并鼓励学生用好"学习强国"平台；丰富学习形式，自主学习与集中研讨相结合，阅读、朗诵、演讲、征文、绘画、参观等多种形式相结合，让学习教育"活"起来。

（三）把"悟"和"践"贯通起来，挖掘学习教育深度

在深入学、彻底学的基础上，边学边做，学中有做，做中悟学，学懂弄通理论精髓与要领。积极开展课程思政，专业老师带领同学们参观红色革命实践教育基地，在参观学习中运用专业知识，增加体验感悟。利用寒假社会实践，鼓励同学们在实践中学习优秀革命传统，厚植同学们的爱党爱国情怀。

（四）把"守"和"担"联动起来，增强学习教育温度

始终围绕"如何守初心、怎样担使命"进行思考、反省和总结，在实际行动中诠释共产党人的初心与使命。鼓励每名学生至少参与1次志愿服务活动，党支部、团支部积极响应，党员、团员广泛参与，在活动中感受奉献的快乐与温暖。组织老师们走进宿舍、走进食堂、走上操场，与同学们进行谈心谈话，了解同学们思想实际，解决他们成长与发展过程中的问题。

连续 13 年 他们同上一堂党课
——经济管理学院毕业生党员离校前"最后一堂党课"工作案例

祝 璇 汪亚纯 万浩然

（2023 年 7 月 13 日）

核心提示：6 月 20 日晚，华中农业大学经济管理学院师生党员结合自身经历，分享感悟，为毕业生党员上了一堂生动的大学"最后一堂党课"。近年来，华农经管院依托丰富多彩的党建活动，使"弘农学，扬国光，日新永无疆"的理念深入人心，一批批学子主动到祖国和人民需要的地方绽放青春。

"如何做好农经研究？要始终秉承跑产区、走农户、田间地头得真知灼见的态度，以及奔东西、赴南北为'三农'保'价'护航的信念……"6 月 20 日晚，华中农业大学经济管理学院（以下简称：华农经管院）师生党员结合自身经历，分享感悟，为毕业生党员上了一堂生动的大学"最后一堂党课"。

师生党员连续 13 年同上大学"最后一堂党课"，引导毕业生党员坚定理想信念，是学院党委培养学生情系"三农"的缩影。近年来，华农经管院依托丰富多彩的党建活动，使"弘农学，扬国光，日新永无疆"的理念深入人心，一批批学子主动到祖国和人民需要的地方绽放青春。

第三部分　党建思政工作案例

华中农业大学经济管理学院党委下设31个党支部，现有党员627人。农业经济管理系教工党支部和湖北农发中心研究生第一党支部入选"全国党建工作样板支部"培育创建单位。研究生支教团党支部获评"湖北省先进基层党组织"。

学院党委积极构建"六学联动"机制，开展主题教育"六个我来"以及红色导师、毕业生党员"最后一堂党课"等活动。学院涌现出"感动中国年度人物"徐本禹、全国优秀共青团员周怡、中国大学生自强之星帕热海提·阿布力孜、湖北省教学名师罗小锋、湖北省优秀共产党员麦尔旦、湖北省高校研究生党员标兵王安邦等一批优秀党员先进典型。

"在一个地方埋土生根，精耕细作，一锤接着一锤敲，才能发现问题并解决问题。"这是2022级研究生于雅雯在跟随红色导师熊航走访20多个村庄后，在思想汇报中写下的切身感受。

熊航看完于雅雯的思想汇报后，对她将理论知识应用到对"三农"问题的探索上表示肯定，并鼓励她朝着这个方向继续研究。

学生定期提交思想汇报，红色导师予以点评，这是华农经管院探索红色导师制度的具体举措。

为加强对学生的价值引领，学院党委选拔一批党性强、业务精、有威信、肯奉献的党员教师兼任红色导师，每名红色导师对接10名学生，按照"一二三四"工作法，即坚持思想政治引领的1条工作主线，每年至少开展2次谈心谈话，参加3次面对面"红色沙龙"，指导结对学生撰写4篇高质量的思想汇报，为学生导思想、导品行、导学习、导规划、导就业。

"目前学院已有90多名红色导师对接900余名学生，他们与学生一同学习、一同参与社会实践、一同开展志愿服务，全方位助力学生成长成才。"华农经管院党委书记向晋文介绍。

情怀在潜移默化中培育，认识在实践中提高。学生舒庚辰在红色导师杨志海的带领下，调研华中三省多个县区后，思想认识发生了变化。他说："经济学并不全是在股票期货市场上买进卖出，更有意义的是扎根于大地，帮助辛勤耕作的农民过上幸福的生活。"

在党员教师结对学生的基础上，学院党委实施党支部"1+1+1"结对共建，每个教工党支部至少对接联系1个本科生党支部、1个研究生党支部，以联合开展理论学习、实践调研、师生融乐活动等形式，加强师生党支部交流。

6月14日，学院50余名师生党员在理论联学后，进行了一场激烈的羽毛球友谊赛。师生情在运动中增进，正能量在拼搏中传递。

"利润是企业唯一的追求吗？企业应该承担哪些社会责任……"6月15日，种太阳种业有限公司运营部总监王恒毅在讲台上分享了对于企业经营的看法，台下同学听得津津有味。

这是《农业企业经营管理学》课上的一幕，授课教师罗小锋让学生分组模拟开公司，每名组员在公司里担任总经理、财务总监、市场总监等重要职务，模拟解决企业在生产、经营中遇到的各种问题并定期汇报交流。

这样的情景模拟经常在课堂上演。罗小锋说："让学生扮演不同角色，能帮助他们从不同角度分析问题、解决问题，增强作为企业人的责任和担当。"

情景模拟、案例教学、网络互动……学院党委鼓励老师通过多种形式，让思政元素自然而然地融入课堂，走进学生心中。

《农业资源与环境经济学》课上，农经系学生王安邦一直在思考：在推动乡村振兴和农业绿色可持续发展过程中，作为普通学生，能用自己的所学做些什么。带着问题学习，课程结束后，王安邦找到了答案，他立志要成为一名科研新农人。

华农经管院打造课程思政系列示范公开课、特色示范课堂等，建设具有协同效应的课程思政教学体系，同时将课程思政和思政课程统一，上好"开学第一课"和大学"最后一堂党课"，将思政教育从迎新季贯穿到毕业季。

"每年迎新季，党员教师走进新生班级，结合学术研究与热点问题，为学生们介绍各学科专业的前景和使命，在面对面的交谈中，帮助他们找到方向。每年毕业季，学院举行大学'最后一堂党课'，邀请校内外各界优秀人士授课，勉励毕业生党员积极作为，成为对社会有用的人。"华农经管学院党委副书记刘三宝说。

2021年本科毕业前夕，赵雯歆收到了一封"红色家书"。家书中，爷爷以一名退伍老兵和老党员的身份，鼓励她坚持自我，做一个自信坚强、对国家有用的人。此后，每当遇到挫折时，她都会想起爷爷对她的支持，便更有动力继续前行。

学院党委发起"红色家书"活动，邀请学生家中的老一辈党员给学生写一封家书，弘扬红色传统，汲取奋进力量。这是学院党委开展"我来学、我来思、我来讲、我来考、我来答、我来行"系列活动之一。

学院弘扬优秀学长徐本禹的精神，倡导党员教师利用假期带领学生参与社会调研，鼓励学生积极参与志愿服务和社会实践。

在学院的统一安排下，刚入学的刘笑观看了讲述徐本禹事迹的话剧《牵挂》，志愿服务的种子逐渐在心中生根发芽，在校期间，她累计组织和参与志愿活动300余次。

大四时，刘笑主动申请到最艰苦的地方支教。支教结束后，刘笑继续攻读研究生，并参与多项调研。她说："我要认真学习，毕业后将知识和技术带去农村。"

在认识基层的过程中，越来越多学生坚定扎根基层的想法。学院出台《关于鼓励毕业生到西部和基层就业的通知》等系列文件，引导学生到基层去、到西部去、到祖国需要的地方去。据了解，2023届毕业生中，共有62名同学选择参与西部计划和基层就业。

走进乡土中国深处"自找苦吃"，正是华农经管院学子践行"我来行"的真实写照。今年暑期，学院继续组织师生开展乡村振兴大调研活动，选送农业管理专硕到襄阳实习，将课堂教学和乡村实践紧密结合，努力培养脚踏实地的农业经济管理人才。

后 记

自华中农业大学实施"党建质量提升源头工程"以来，经济管理学院围绕"百个支部创优、千名党员领航、万名学子成才"目标积极开展实践探索，累计发表《红色导师·思想汇报》40余篇、主题评论文章20余篇，先后总结出多个党建思政工作案例。现将此育人成果系统整理，汇编出版《红色导师·思想汇报——高校思想政治工作铸魂育人成果集》。回顾工作实践与探索的历程，我们心怀感激。

感谢勤读力耕、善思笃学、投身火热实践的青年学子。走入乡土中国深处，研究"三农"问题，以严谨的态度深耕学术；开展山村志愿支教，用爱心和奉献精神点亮孩子们的未来；投身绿色军营，磨砺意志，淬炼勇毅前行的品格；走上竞技赛场，奋力拼搏，以青春活力为学院争光、为华农添彩。青年学子积极向上的态度和不懈进取的精神，充分体现了"与祖国同行，为人民奉献"的时代担当。

感谢所有思想引领、诲人不倦的红色导师团队。无论是专家教授还是管理服务人员，始终坚持政治引领，践行"三全育人、五育融通、师生融乐、全面发展"的育人理念，认真指导和点评学生的思想汇报，积极创作和发表评论文章，全心投入"导思想、导品行、导学习、导规划、导就业"的育人实践。

感谢省级党网平台——荆楚网（湖北日报网）和各位编辑。双方秉持"推动高校党建与思政工作的守正创新"的共同愿景，携手打造"红色导师·思想汇报"专栏，用"青言青语"引导青年做有理想、敢担当、能吃苦、肯奋

后 记

斗的新时代好青年。自专栏设立以来，双方紧密协作，既推进了经济管理学院网络思政平台的建设，又丰富了荆楚网的特色栏目内容，为高校思政工作的创新发展注入了新活力。

在此，谨向全体《红色导师·思想汇报》及主题评论的撰写者、点评导师致以诚挚谢意，感谢荆楚网王舒娴、伍佳佳等同志为专栏建设的辛勤付出，感谢"学习强国""中国青年网""人民论坛网"等平台对相关内容的推荐转发。本书的汇编出版，离不开学校党委的关怀指导，以及校党委组织部、党委宣传部、本科生院、研究生院、团委、财务与资产经营管理部、马克思主义学院等职能部门和兄弟学院的大力支持；离不开学院红色导师和结对学生的积极参与，以及学院党建与思政工作同仁在工作案例形成过程中所积累的宝贵经验。在此一并致以衷心感谢！

全书框架设计与内容策划由刘三宝、向晋文统筹。王从严、李向东对整体架构和内容布局进行指导，为书稿的完善提供宝贵建议。全书具体分工如下。

第一部分"红色导师·思想汇报"由结对学生撰写、红色导师点评，刘三宝、王舒娴、徐嘉楠、伍佳佳、彭松及红色导师负责修改审定。

第二部分"党建思政评论和理论文章"主要由刘三宝、万浩然、毛静宜等师生撰写。

第三部分"党建思政典型案例"由向晋文、陈国顺、刘三宝、于久霞、徐嘉楠、万浩然、陈曙、杨志海、王安邦等师生执笔。

万浩然、徐嘉楠、于久霞统筹全稿，陈加亮、龙敬文、熊君豪、赵庆等同学参与文稿汇编和图片整理。书稿的完成凝聚了集体的智慧，参与创作和整理的师生众多，如有疏漏，敬请谅解。

高校党建与思政工作是系统工程。下阶段，我们将聚焦于落实"新时代立德树人工程"，深耕高校党建与思想政治工作一线，深入开展党建示范创建和质量创优，深化拓展"党建质量提升源头工程"成效，努力形成更多高质量育人成果。

编　者
2025 年 3 月